CB143443

O Livro da TRANSFORMAÇÃO

OSHO

O Livro da

TRANSFORMAÇÃO

Histórias e parábolas
das grandes tradições espirituais
para iluminar sua vida

SEXTANTE

Copyright ©1999 Osho International Foundation, www.osho.com
2003, GMT Editores Ltda.
Todos os direitos reservados da obra de Osho.
Osho é uma marca registrada da Osho International Foundation

tradução
Carlos Irineu da Costa

preparo de originais
Virginie Leite

revisão
Antonio dos Prazeres
Sérgio Bellinello Soares

projeto gráfico e diagramação
Valéria Teixeira

capa
Raul Fernandes

fotolitos
R. R. Donnelley América Latina

impressão e acabamento
Cromosete Gráfica e Editora Ltda.

CIP-BRASIL. CATALOGAÇÃO-NA-FONTE
SINDICATO NACIONAL DOS EDITORES DE LIVROS, RJ.

R132L Osho, 1931-1990
O livro da transformação: histórias e parábolas das grandes tradições espirituais para iluninar sua vida
/ Osho ; tradução Carlos Irineu da Costa.
– Rio de Janeiro: Sextante, 2003.

Tradução de: Osho transformation tarot
ISBN 85-7542-065-8

1. Autopercepção. 2. Conduta. 3. Vida espiritual.
I. Título.

03-0770. CDD 299.93
CDU 299

Todos os direitos reservados, no Brasil, por
Editora Sextante (GMT Editores Ltda.)
R. Voluntários da Pátria, 45 – Gr. 1.404 – Botafogo
22270-000 – Rio de Janeiro – RJ
Tel.: (21) 2286-9944 – Fax: (21) 2286-9244
Central de Atendimento: 0800-22-6306
E-mail: atendimento@esextante.com.br
www.esextante.com.br

SUMÁRIO

INTRODUÇÃO

"O esplendor de uma pessoa que descobriu tudo que se passa dentro dela é extraordinário porque, ao se tornar consciente, tudo que é falso desaparece e tudo que é real desabrocha.

Exceto isso, não existe nenhuma transformação radical possível.

Nenhuma religião pode lhe dar isso, nenhum messias pode lhe dar isso.

É um presente que você tem que se dar."

Osho

As histórias e parábolas deste livro são ferramentas para a autodescoberta. Cada uma delas aponta para um caminho de renovação e mudança acessível a cada um de nós. Basta aprendermos a nos tornar mais conscientes de nosso potencial escondido. São ensinamentos preciosos que nos instigam a buscar a verdade dentro de nós mesmos e a alimentar a nossa percepção.

O Livro da Transformação utiliza as mais tradicionais fontes de sabedoria do mundo. Há histórias sobre a paixão e o amor de Jesus, assim como sobre a pureza e a sabedoria de Buda. As belas parábolas terrenas do zen são combinadas com histórias que apontam para o estilo mais contemplativo dos sufis. E como essas importantes lições são contadas de forma simples mas contundente, elas tocam fundo nossos corações.

Lembraremos dessas histórias e parábolas inúmeras vezes no nosso dia-a-dia, nos veremos espelhados em situações semelhantes e nos identificaremos com as dores, os questionamentos e as alegrias dos personagens. Pouco a pouco, vamos desvendar todos os "certos" e "errados" que nos governaram até agora. E assim que nos libertarmos desse peso, descobriremos um grande espaço aberto dentro de nós, o terreno fértil onde a verdadeira transformação pode criar raízes e crescer.

Você pode ler *O Livro da Transformação* de várias maneiras. Cada capítulo traz um ensinamento espiritual sobre um tema diferente e uma história ou parábola que ilustra aquela situação. Algumas pessoas preferem ler o livro do início ao fim. Mas você pode escolher um capítulo por dia e meditar mais profundamente sobre ele, ou procurar um tema relacionado aos desafios que está enfrentando neste momento para ganhar inspiração e decidir como agir.

Por último, lembre-se da mensagem de Osho de encarar com leveza e alegria a sua busca tanto interior quanto exterior. Preste atenção ao que ele diz: "Aceite a vida alegremente, facilmente, de forma relaxada. Não crie problemas desnecessários. Noventa por cento dos problemas são criados por você, porque você leva a vida muito a sério. A seriedade é a causa de seus problemas. Seja brincalhão... vivo, abundantemente vivo. Viva cada momento como se fosse o último. Viva intensamente. Deixe a sua tocha queimar dos dois lados ao mesmo tempo. Mesmo que seja só por um momento, será o suficiente. Um momento de intensa totalidade é o bastante para lhe dar o sabor da eternidade."

1

A NÃO-MENTE

O estado de não-mente, a ausência da mente, é o estado do divino. Deus não é um pensamento, mas sim a experiência da ausência de pensamentos. Ele não é um conteúdo dentro da mente, mas sim a explosão que ocorre quando a mente está sem conteúdo. Não é um objeto que você pode ver, é a própria capacidade de ver. Ele não é aquilo que é visto, mas sim aquele que vê. Não é como as nuvens que passam no céu, é como o céu quando não há nuvens. Ele é o céu vazio.

Quando a consciência não está presa a qualquer objeto externo, quando não há nada para ver, nada para ser pensado, apenas vazio em volta, então você recai em si mesmo. Não há para onde ir, é possível relaxar na própria fonte do ser, e esta fonte é Deus.

O SUPREMO E O INEXPRIMÍVEL

Seu ser interior é simplesmente o céu interior. O céu está vazio, mas é este céu vazio que contém todas as coisas, toda a existência, o Sol, a Lua, as estrelas, a Terra, os planetas. É o céu vazio que dá espaço para tudo aquilo que existe. É o céu vazio que está por trás de tudo aquilo que existe. As coisas e os momentos passam, mas o céu permanece o mesmo.

Seu céu interior é exatamente assim: também está vazio. Nuvens passam, planetas nascem e desaparecem, estrelas são geradas e morrem, mas o céu interior permanece o mesmo, intocado, transparente. Damos a esse céu interior o nome de *sakshin*, a testemunha – e esse é o objetivo da meditação.

Aprofunde-se, desfrute o céu interior. Lembre-se, não importa o que você puder ver, você não será isto. Se puder ver pensamentos, então você não é pensamento. Se puder ver seus sentimentos, então você não é seus sentimentos. Se puder ver seus sonhos, desejos, lembranças, imaginário, projeções, então você não é nenhum deles. Vá em frente, eliminando tudo que você puder ver. Então, um dia, chega o momento especial, o momento mais significante na vida de uma pessoa, no qual não sobra mais nada para ser rejeitado. Tudo que foi visto desaparece e apenas o observador está ali. Este observador é o céu vazio.

Conhecer isto é não ter o que temer, conhecer isto é estar cheio de amor. Conhecer isto é ser Deus, ser imortal.

Não é possível contaminar o céu, deixar rastros ou marcas nele. Podemos desenhar linhas na água, mas, assim que as linhas são criadas, elas desaparecem. No entanto, se traçarmos linhas em uma pedra, irão durar milhares de anos. Simplesmente não é possível desenhar linhas no céu, então não podemos nem falar que elas desaparecem. É importante que você entenda a dife-rença. As linhas não podem ser desenhadas no céu – posso mover meu dedo através do céu: o dedo passa, mas não há um traçado e, sendo assim, não podemos nem mesmo falar em algo que possa desaparecer.

No dia em que uma pessoa vai além da mente, quando sua consciência transcender a mente, irá vivenciar que, assim como o céu, até então nenhuma marca ou linha foi desenhada na alma. Ela é eternamente pura, eternamente iluminada, não é possível poluí-la.

2

COMUNHÃO

Os homens vivem como ilhas, e daí vem toda a miséria. Através dos séculos a humanidade tem tentado viver independentemente do restante da existência, mas, pela própria natureza das coisas, isso não é possível. O homem não pode ser independente nem dependente. A existência é um estado de interdependência: tudo depende de todo o resto. Não há hierarquia, ninguém está acima ou abaixo. A existência é uma comunhão, um relacionamento amoroso eterno.

Essa idéia na qual o homem insiste – de ser superior, especial, mais elevado – cria confusão. O homem precisa não ser nada, precisa dissolver-se na totalidade das coisas. E quando deixamos cair todas as barreiras, a comunhão se faz e essa comunhão é uma bênção. Ser um com a totalidade das coisas é tudo. Esse é o núcleo da religiosidade.

HARMONIA

Heráclito, o pensador da Grécia antiga, nos diz: de nada adiantaria se as coisas acontecessem ao homem exatamente como ele deseja. A menos que você espere o inesperado, jamais encontrará a verdade, porque é difícil descobri-la e é difícil chegar até ela. A natureza ama ocultar-se. O senhor cujo oráculo está em Delfos não revela nem esconde, ele nos envia sinais.

A existência não possui linguagem e, se você depender da linguagem, não conseguirá comunicar-se com a existência. A existência é um mistério, não é possível interpretá-la. Tente e irá errar.

A existência pode ser vivenciada, mas não pensada. É mais parecida com a poesia do que com a filosofia. É um sinal, uma porta. Ela se mostra, mas nada diz. Não é possível abordar a existência através da mente. Se você pensar a respeito dela, continuará pensando, mais e mais – no entanto, jamais a atingirá, porque a barreira está, justamente, nos pensamentos. Pensar é um mundo próprio, pertence apenas a você, e portanto você está cercado, encapsulado, é prisioneiro de si mesmo. Com o não-pensar, você deixa de ser, não está mais cercado. Você se abre, se torna poroso, a existência flui através de você e você flui através da existência.

Aprenda a ouvir. Ouvir significa que você está aberto, vulnerável, receptivo, mas não está pensando, de forma alguma. Pensar é um ato, uma ação. Ouvir é passivo: você é como um vale e recebe, você é como um útero, e recebe. Se puder ouvir, então a natureza falará, mas não através da linguagem. A natureza não usa palavras. Então o que ela usa? Heráclito diz que são sinais. Você encontra uma flor: que sinal é esse? Ela não está dizendo nada, mas você pode realmente afirmar que ela não está dizendo nada? Está dizendo muitas coisas, só não está usando palavras: é uma mensagem sem palavras.

Para ouvir aquilo que não tem palavras, você terá que abandonar as palavras, porque apenas um semelhante pode ouvir aquele que lhe é semelhante, apenas os semelhantes podem se relacionar.

Diante de uma flor, não seja uma pessoa, seja uma flor. Diante de uma árvore, não seja uma pessoa, seja uma árvore. Tomando banho em um rio, não seja humano, seja um rio. Então milhões de sinais se entregarão a você. Não é uma comunicação, é uma comunhão. Então a natureza fala, fala em milhões de línguas, mas não em uma linguagem.

3

ILUMINAÇÃO

Não importa o que você fizer, faça-o com profunda percepção, pois então até mesmo as pequenas coisas se tornarão sagradas. Dessa forma, cozinhar ou limpar a casa serão sagrados, serão uma oração. Não importa o que você esteja fazendo, o que importa é como você o está fazendo.

Você pode limpar o chão como um robô, como um dispositivo mecânico: é preciso limpar o chão, então você o limpa. Mas, se fizer isso de forma automática, estará deixando de ver algo de belo. Limpar o chão poderia ser uma grande experiência, mas você a terá perdido. O chão ficará limpo, mas algo que poderia ter acontecido dentro de você não aconteceu. Se você estivesse perceptivo, alerta, não apenas o chão mas também você teria sentido uma limpeza profunda.

Limpe o chão em estado de total percepção, iluminado pela percepção. Trabalhe ou sente-se ou ande, mas uma coisa precisa ser continuamente desenvolvida: faça com que um número cada vez maior de momentos em sua vida sejam iluminados pela percepção. Deixe que a chama da percepção brilhe em cada momento, em cada ato.

Atingir a iluminação será o efeito cumulativo disso. O efeito cumulativo, todos os momentos juntos, todas as pequenas luzes juntas tornam-se uma grande fonte de luz.

POR QUE O BUDA NOS ESPERA NOS PORTAIS DO PARAÍSO

A história conta que quando o Buda Gautama morreu ele chegou às portas do Paraíso. Essas portas raramente se abrem, apenas uma vez ou outra, durante séculos – os visitantes não chegam diariamente e, sempre que alguém chega a essas portas, todo o Paraíso celebra sua chegada. Mais uma consciência atingiu o florescer e a existência é agora mais rica que antes.

As portas foram abertas, e outros iluminados que já haviam entrado no Paraíso tinham se reunido na porta – porque no budismo não há Deus, mas sim pessoas iluminadas que têm uma natureza divina; portanto, há tantos deuses quanto forem as pessoas iluminadas. Havia música, canções e danças. Queriam receber o Buda Gautama, mas para sua surpresa ele estava de pé, virado de costas para os portais. Sua face ainda olhava para as terras longínquas que ele havia deixado para trás.

Disseram: "Isso é estranho. Por quem você espera?"

Ele teria respondido: "Meu coração não é assim tão pequeno. Espero por todos aqueles que deixei para trás e que estão vencendo os obstáculos no caminho. São meus companheiros de viagem. Podem manter as portas fechadas, vocês ainda terão que esperar um pouco para celebrar a minha entrada no Paraíso, porque eu decidi que serei o último a entrar. Quando todos os outros já tiverem atingido a iluminação e houverem entrado, quando não houver mais ninguém do lado de fora, então terá chegado a minha hora de entrar."

Esta é apenas uma história, uma parábola. Ela não pode ser verdadeira, pois a decisão não cabe a nós: uma vez que você tenha se tornado iluminado, fará parte da fonte universal de vida. Não se trata de escolher ou decidir. Mas a história nos diz que ele ainda está tentando, mesmo após sua morte. Ela surgiu de algo que o Buda disse que faria um dia antes de morrer: ele disse que esperaria todos vocês.

Não lhe é mais possível esperar aqui, ele já gastou o tempo que tinha para essa parte da espera. Já deveria ter partido há mais tempo, porém, vendo tanta miséria e sofrimento, se manteve presente enquanto pôde. Isso ficou cada vez mais impossível. Ele teve que deixá-los, relutantemente, mas irá esperar por vocês do outro lado. Não entrará no Paraíso, é uma promessa: "Então não esqueçam que eu estarei lá, esperando por vocês durante séculos. Mas se apressem, não me deixem esperando por muito tempo."

4

SINCERIDADE

Apenas uma coisa precisa ser lembrada: seja autêntico, seja sincero consigo mesmo. Declare sua verdade, seja qual for o custo. Mesmo se sua vida estiver em risco, arrisque-a, porque a verdade é muito mais valiosa que qualquer outra coisa, porque a verdade é a vida verdadeira.

A BUSCA DE BODHIDHARMA POR UM DISCÍPULO

Lembrei-me de Bodhidharma, que introduziu o zen na China. O imperador veio recebê-lo na fronteira e, se fosse qualquer outra pessoa, o imperador teria cortado sua cabeça imediatamente, porque Bodhidharma estava se comportando de forma muito inadequada.

O imperador havia criado centenas de templos, construído milhares de estátuas de Buda. Havia mil eruditos permanentemente traduzindo as palavras de Buda do idioma Páli para o Chinês, e dez mil monges budistas eram alimentados com dinheiro do imperador. Ele havia feito muitas coisas para que a China se tornasse budista. É claro que ele esperava obter algum reconhecimento por isso, então disse: "Eu fiz todas essas coisas. O que você acha: qual será a virtude alcançada através de meus atos?"

Na frente de toda a corte que havia ido com o imperador, Bodhidharma disse: "Virtude? Seu idiota!" Todos ficaram em silêncio. E ele continuou: "Você irá diretamente para o Inferno!"

O imperador não conseguia entender e respondeu: "Não sei por que você está tão zangado."

Bodhidharma respondeu: "Você está destruindo vidas e está alimentando esses eruditos que não contribuem em nada para a consciência do povo. Ainda assim você tem a coragem de me perguntar se está sendo uma pessoa de grande virtude? Você irá sofrer no fogo do Inferno!"

O imperador pensou: "Como vou sair da armadilha em que esse homem me coloca? Entrei na toca do leão e agora é difícil sair..." O imperador retornou, e Bodhidharma permaneceu nas montanhas, pouco além da fronteira da China. Sentado em um templo, voltado para uma parede durante nove anos, ele declarou: "Falar com pessoas que não entendem é o mesmo que falar com uma parede. Mas, ao falar com uma parede, ao menos há o consolo de saber que se trata de uma parede. Só irei virar meu rosto quando vier alguém que seja digno de ouvir a vida do mundo."

Nove anos é muito tempo, mas, uma manhã, veio um homem. Ele disse: "Ouça, acho que sou a pessoa por quem você está esperando." Como prova, ele cortou uma de suas mãos com sua espada e jogou-a no colo de Bodhidharma dizendo: "Vire-se para mim, do contrário irei cortar minha cabeça e você será responsável por isso!"

Bodhidharma virou-se imediatamente. Ele disse: "Isso já basta. Isso é a prova necessária de que você é louco o suficiente para ouvir o que tenho a dizer. Sente-se. Não há necessidade de cortar sua cabeça, pois teremos que usá-la. Você será meu sucessor."

Com certeza esse era o sucessor de Bodhidarma. Um homem que corta sua própria mão apenas para provar que é sincero em sua busca – e não havia dúvida, na mente de Bodhidharma, de que o homem cortaria a própria cabeça caso ele não se virasse. Se isso ocorresse, ele teria, sem necessidade, se tornado responsável por matar um homem, e logo alguém tão belo, tão corajoso.

Ninguém sabe o que aconteceu com esses dois. Nem uma única palavra – Bodhidharma apenas virou-se e olhou para os olhos dele. A neve estava caindo e havia um imenso silêncio em volta. Nenhuma pergunta foi feita, nenhuma resposta foi dada. Mas algo deve ter ocorrido, do contrário Bodhidharma não o teria escolhido como discípulo.

5

O ACIDENTE ESSENCIAL

Não é uma determinada seqüência de causas que traz a iluminação. Sua busca, seu desejo intenso, sua disposição para fazer o que for preciso, tudo isso junto talvez crie uma certa aura ao seu redor na qual esse grande acidente se tornará possível.

CHIYONO E O BALDE DE ÁGUA

A monja Chiyono estudou durante muitos anos, mas não foi capaz de atingir a iluminação. Uma noite, ela carregava um velho balde de madeira cheio de água. Enquanto ela andava, observava a lua cheia refletida na água do balde. Subitamente, as tiras de bambu que seguravam a madeira do balde se romperam e o balde se desfez. A água escorreu pelo chão e o reflexo da lua desapareceu. Foi então que Chiyono se tornou iluminada. Ela escreveu estes versos:

Dessa forma e de outras tentei manter o balde inteiro, esperando que o bambu nunca se quebrasse. Subitamente o fundo caiu.

A água se foi. O reflexo da lua na água se foi.

Vazio em minhas mãos.

A iluminação é sempre uma espécie de acidente, porque é imprevisível: você não pode controlá-la, não pode fazê-la acontecer. Não me entenda mal, pois, quando digo que a iluminação é como um acidente, não quero dizer que não é preciso fazer nada para atingi-la. O acidente só ocorre com aqueles que têm feito muito para que ele possa acontecer. Entretanto, nunca acontece por causa daquilo que fizeram. O fazer é só uma causa que cria a situação dentro deles de forma que se tornam passíveis de sofrerem esse acidente, é apenas isso. Esse é o sentido desse belo acontecimento.

Há uma coisa que preciso dizer a respeito de Chiyono. Ela era uma mulher muito bela. Quando jovem, até mesmo imperadores e príncipes a desejavam. Ela recusou todos eles, pois desejava ser amante apenas do divino. Foi de um mosteiro a outro para tornar-se uma monja, mas mesmo os grandes mestres a recusaram. Havia tantos monges e ela era tão bela que faria com que se esquecessem de Deus e tudo o mais. Em todos os lugares, as portas se fechavam para ela.

O que fez Chiyono? Como não encontrou outra forma, queimou seu rosto, criou cicatrizes em todo o rosto. Então foi falar com um mestre, que não soube nem mesmo reconhecer se ela era um homem ou uma mulher. Então foi aceita como monja. Ela estudou e meditou durante trinta ou quarenta anos, continuamente. Até que houve uma noite na qual estava olhando para a lua refletida em um balde. Subitamente o balde caiu, a água escorreu e o reflexo da lua desapareceu. Foi isso que disparou todo o processo.

Há sempre um evento que cria esse momento singular em que o velho desaparece e o novo começa, a partir do qual você renasce. Esse foi o evento que disparou o processo: subitamente a água escorreu e não havia mais o reflexo da lua. Ela deve ter olhado para o alto, e a verdadeira lua estava lá. Naquele instante ela despertou para esse fato, que tudo era um reflexo, uma ilusão, porque estava sendo visto através da mente. Quando o balde se quebrou, a mente também quebrou por dentro. Ela estava pronta. Tudo que podia ser feito havia sido feito. Tudo que era possível já havia sido feito. Não sobrara mais nada, ela estava pronta, havia merecido seu lugar. Esse incidente ordinário tornou-se o evento que disparou o processo.

Subitamente o fundo caiu – era um acidente. *A água se foi. O reflexo da lua na água se foi. Vazio em minhas mãos.*

Isso é a iluminação: quando o vazio está em suas mãos, quando tudo está vazio, quando não há ninguém, nem mesmo você. Então você terá atingido a verdadeira face do zen.

6

GANÂNCIA

Sempre que as pessoas se tornam gananciosas, elas ficam muito apressadas e tentam encontrar formas de ir ainda mais rápido. Estão sempre correndo porque acreditam que a vida está fugindo. São essas as pessoas que dizem "tempo é dinheiro". O tempo é dinheiro? Dinheiro é muito limitado, mas o tempo é ilimitado. Tempo não é dinheiro, o tempo é a eternidade. Sempre foi e sempre será. E você sempre esteve aqui e sempre estará aqui.

Então deixe de lado a ganância e não se preocupe com o resultado. Algumas vezes, por causa de sua impaciência, você perde muitas coisas.

UMA PARÁBOLA SOBRE A AMBIÇÃO E A PRESSA

Vou contar a você uma antiga parábola hindu.

Um grande santo, Narada, estava indo ao Paraíso. Ele costumava viajar entre o Paraíso e a Terra. Funcionava como uma espécie de mensageiro entre o outro mundo e este mundo, ele fazia a ponte entre os dois.

Encontrou um velho sábio, muito velho, sentado sob uma árvore repetindo seu mantra. Ele estivera repetindo aquele mantra durante muitos anos, muitas vidas. Narada perguntou a ele: "Você gostaria de fazer alguma pergunta? Gostaria de enviar alguma mensagem ao Senhor?" O velho abriu seus olhos e disse: "Apenas uma pergunta: quanto tempo mais eu tenho que esperar? Quanto tempo? Diga a ele que já estou cansado. Durante muitas vidas estive repetindo esse mantra, por quanto tempo ele espera que eu continue fazendo isso? Estou cansado disso, estou cheio disso."

Ao lado do velho sábio havia um jovem com uma *ektara*, um instrumento de uma só corda, e ele estava cantando e dançando. Narada perguntou a ele, brincando: "Você também quer perguntar quanto tempo irá demorar até que você seja iluminado?" Mas o jovem nem mesmo respondeu, apenas continuou a dançar. Narada perguntou de novo: "Estou indo falar com o Senhor. Você não tem nada a dizer?" Mas o jovem apenas sorriu e continuou a dançar.

Quando Narada voltou, alguns dias depois, ele disse ao velho: "Deus disse que você terá que esperar pelo menos mais três vidas." O velho ficou tão furioso que jogou no chão seu colar de oração. Estava prestes a bater em Narada. Disse: "Isso não faz o menor sentido! Tenho esperado durante muito tempo e tenho sido absolutamente austero, tenho recitado os mantras, jejuado, cumprido todos os rituais. Já cumpri todos os requisitos. Três vidas! Isso é injusto!"

O jovem continuava a dançar alegremente sob a outra árvore. Narada ficou receoso, mas ainda assim foi até lá e disse a ele: "Apesar de você não ter perguntado nada, fiquei curioso e fiz eu mesmo a pergunta. Quando o Senhor disse que esse velho homem teria que esperar mais três vidas, perguntei sobre o jovem que dançava ao seu lado, tocando a *ektara*. E ele disse: 'Esse jovem terá que esperar tantas vidas quanto forem as folhas da árvore sob a qual ele está dançando.'"

E o jovem começou a dançar ainda mais rápido e respondeu: "Tantas folhas quanto houver nesta árvore? Então está próximo, então eu já estou lá. Pense em quantas árvores há na terra e compare! Então está muito próximo. Muito obrigado, senhor, por ter perguntado." E continuou a dançar. E a história diz que o jovem atingiu a iluminação imediatamente, naquele instante.

7

ALÉM DA GANÂNCIA

O homem se encontra pleno se estiver em sintonia com o universo. Caso contrário estará vazio, absolutamente vazio. E desse vazio vem a ganância. A ganância serve para preencher o vazio, com dinheiro, com casas, com móveis, com amigos, com amantes, com qualquer coisa, porque ninguém pode viver vazio. É uma vida horrível, é a vida de um fantasma. Se você estiver vazio e não houver nada dentro de você, é impossível viver.

Para ter a sensação de plenitude, só há dois caminhos: ou você entra em sintonia com o universo, e então estará cheio com o todo, com todas as flores e estrelas: elas estarão dentro de você assim como estarão fora de você, sem você. Essa é a verdadeira plenitude. Mas, se não fizer isso – e há milhões de pessoas que não estão fazendo isso –, a maneira mais fácil é preencher o vazio com qualquer porcaria.

A ganância simplesmente significa que você está sentindo um vazio profundo e quer preenchê-lo com o que for possível, não importando o que seja. E uma vez que você tenha entendido isso, então você não será mais ganancioso. Você estará ocupado em atingir uma comunhão com o todo, de forma que o vazio interior desaparece. E, com ele, toda a ganância desaparece.

Mas há pessoas loucas ao redor do mundo, elas ficam colecionando coisas para preencher seu vazio. Há quem colecione dinheiro, ainda que nunca o utilize. Há os que comem compulsivamente, e ainda que não sintam fome continuam a engolir. Sabem que isso irá criar sofrimento, que ficarão doentes, mas não conseguem parar. Essa comilança também é um processo de preenchimento. Então há várias formas de preencher o vazio, que ainda assim permanece – continua vazio e você continua se sentindo miserável porque nunca há o bastante. É preciso sempre mais, a demanda é maior e o processo se torna infinito.

É importante que você entenda o que é esse vazio que está tentando preencher e se faça a seguinte pergunta: "Por que estou vazio? A existência é tão plena, por que me sinto vazio? Talvez tenha perdido o rumo, não esteja mais me movendo na mesma direção, não esteja mais seguindo a existência. Esta é a causa de meu vazio."

Então siga a existência.

Abra mão das coisas e aproxime-se da existência em silêncio e paz, em meditação.

Então um dia você irá perceber que estará pleno – abundante, transbordante – de alegria, de êxtase, de bênção. Você estará tão pleno desses sentimentos que poderá distribuí-los para o mundo inteiro e ainda assim não se sentirá cansado.

Nesse dia, pela primeira vez você não terá nenhuma ganância, seja por dinheiro, por comida ou por qualquer outra coisa. Você viverá naturalmente e encontrará tudo aquilo de que precisar.

8

O DISCÍPULO

Não há situação que não contenha uma lição. Todas as situações possuem um potencial, mas você precisa descobrir qual é. Talvez não seja aparente na superfície. Você precisará estar atento, deverá examinar todos os aspectos da situação.

OS MUITOS MESTRES DE JUNNAID

Um dos grandes mestres sufis, chamado Junnaid, estava morrendo. Seu discípulo mais próximo veio lhe perguntar: "Mestre, você está prestes a nos deixar. Há uma pergunta que sempre nos fizemos, mas nunca tivemos coragem de lhe perguntar. Quem foi seu mestre? Isso deixou todos os seus discípulos muito curiosos, porque nunca ouvimos você falar de seu mestre.

Junnaid abriu os olhos e disse: "É difícil para mim encontrar uma resposta, porque aprendi de quase todos. Toda a existência foi meu mestre. Aprendi com cada pequeno evento em minha vida. E sou grato a tudo que aconteceu, porque a partir de todo esse aprendizado eu me tornei quem sou.

Apenas para satisfazer sua curiosidade, vou lhe contar sobre três eventos. No primeiro, eu estava com sede e caminhava para o rio carregando meu prato de esmolas, a única posse que tinha. Quando cheguei ao rio, um cachorro passou correndo, pulou no rio e começou a beber água.

Observei o cachorro por alguns instantes e então joguei fora meu prato de esmolas, porque não servia para nada. Um cachorro pode viver sem ele. Também mergulhei no rio e bebi tanta água quanto eu quis. Todo o meu corpo havia se refrescado porque eu mergulhei no rio. Então sentei no rio por alguns instantes, agradeci ao cachorro, tocando seus pés com grande reverência porque ele havia me ensinado uma lição. Eu havia deixado tudo de lado, todas as minhas posses, mas ainda me apegava a meu prato. Ele era belo, cuidadosamente esculpido, e eu estava sempre preocupado que alguém pudesse roubá-lo. Mesmo à noite costumava colocá-lo sob minha cabeça, como um travesseiro, de forma que ninguém pudesse tirá-lo de mim. Essa foi a última coisa à qual eu me apeguei, e o cachorro ajudou. Era tão claro: se um cão pode viver sem um prato de esmolas e eu sou um homem, como não poderia fazer o mesmo? Esse cão foi um de meus mestres.

Houve uma outra vez na qual havia me perdido em uma floresta e, quando finalmente encontrei o vilarejo mais próximo, já era meia-noite. Todos estavam dormindo. Fiquei vagando pela cidade para ver se encontrava alguém que ainda estivesse acordado e que me desse abrigo durante a noite, até que finalmente encontrei um homem. Perguntei a ele: 'Parece que eu e você somos os únicos que estamos acordados nesta cidade. Você poderia me abrigar durante esta noite?'

O homem disse: 'Posso ver por seus trajes que você é um monge sufi.'"

A palavra *sufi* vem de *suf*, que significa lã, uma túnica de lã. Os sufis têm usado túnicas de lã há séculos e portanto foram chamados assim por causa de suas vestes.

O outro homem era, na verdade, um ladrão. Ele disse: "Posso ver que você é um sufi e me sinto um pouco desconcertado em levá-lo para minha casa. Gostaria de lhe dar abrigo, mas antes preciso contar-lhe quem eu sou. Sou um ladrão – você gostaria de ser hóspede de um ladrão?"

Por um momento, Junnaid hesitou. Então o ladrão tornou a

falar: "Foi melhor que eu tenha dito a verdade. Você me parece hesitante. O ladrão está disposto a lhe dar abrigo, mas o místico parece hesitar em entrar na casa de um ladrão, como se o místico fosse mais fraco que o ladrão. Na verdade, eu deveria ter medo de você – você pode me transformar, pode mudar toda a minha vida! Convidar você significa perigo, mas não tenho medo. Você é bem-vindo. Venha a minha casa, coma, beba, durma e fique quanto tempo quiser, porque vivo sozinho e aquilo que ganho me basta. Posso sustentar duas pessoas. E seria bom conversar com você sobre grandes assuntos. Mas você parece hesitar."

E Junnaid percebeu que era verdade. Ele pediu perdão. Tocou os pés do ladrão e disse: "Sim, minhas raízes em meu próprio ser ainda são demasiado fracas. Você é de fato um homem forte e gostaria de ficar em sua casa. E gostaria de ficar por algum tempo, não apenas esta noite, pois eu também quero aprender a ser mais forte."

O ladrão disse: "Então venha." Deu comida ao sufi, deu-lhe algo para beber, ajudou-o a preparar-se para dormir e depois disse: "Agora tenho que partir, tenho que cuidar de meus negócios. Voltarei pela manhã."

Na manhã seguinte, o ladrão voltou cedo. Junnaid perguntou a ele se tinha tido sucesso. O ladrão respondeu que não, mas que haveria outros dias.

A mesma coisa aconteceu durante trinta dias: toda noite o ladrão saía e toda manhã voltava de mãos vazias. Mas nunca estava triste, nunca ficava frustrado. Não havia sinal de fracasso em seu rosto, ele estava sempre feliz e dizia: "Não importa. Fiz o melhor que pude. Não encontrei nada de valor hoje, mas amanhã tentarei de novo. E, se Deus quiser, aquilo que não aconteceu hoje irá acontecer amanhã."

Após um mês, Junnaid partiu e durante anos ele tentou realizar o ato supremo, porém sempre fracassava. Mas a cada vez que sentia vontade de abandonar tudo, lembrava-se do ladrão, com seu sorriso e sua frase: "Se Deus quiser, aquilo que não aconteceu hoje irá acontecer amanhã."

Junnaid disse ao discípulo: "Me lembro do ladrão como um de meus maiores mestres. Sem ele eu não seria aquilo que sou."

O terceiro evento foi quando eu estava chegando a um pequeno vilarejo. Um garoto estava carregando uma vela acesa, obviamente indo ao pequeno templo da cidade para lá deixar a vela acesa durante a noite.

Junnaid perguntou: "Você pode me dizer de onde vem a luz? Você acendeu a vela, então deve ter visto. Qual a fonte da luz?"

O garoto riu e soprou a vela na frente de Junnaid. Depois disse: "Você viu a luz se apagar. Você sabe para onde ela foi? Se me disser aonde ela foi, eu lhe direi de onde veio porque os dois lugares são o mesmo. Ela retornou à fonte."

Encontrei grandes filósofos, mas nunca ouvi uma fala tão bela: "Ela retornou à sua própria fonte." Tudo retorna à própria fonte em algum momento. Além disso, a criança me fez perceber minha própria ignorância. Estava tentando brincar com a criança, mas foi ela que brincou comigo. Me mostrou que fazer perguntas bobas – "De onde veio a luz?" – não é inteligente. Ela vem de lugar algum, do nada, e retorna para lugar algum, para o nada.

Toquei os pés da criança. A criança ficou surpresa e perguntou: "Por que você está tocando meus pés?", e eu respondi que ela era meu mestre. Havia me ensinado algo, eu havia aprendido uma grande lição, havia recebido um *insight*.

Desde então tenho meditado sobre o nada e, aos poucos, muito lentamente, fui entrando no nada. E agora chega o momento final no qual a vela se apaga, a chama se apaga. E sei para onde estou indo – para a mesma fonte.

"Lembro-me dessa criança com profunda gratidão", disse Junnaid. "Ainda posso vê-la à minha frente soprando a vela."

9

O MAIOR DOS MILAGRES

Fazer um milagre é um grande feito, mas não é grande o bastante. Fazer um milagre significa permanecer no mundo do ego. A verdadeira grandeza é tão comum que não precisa ser dita. É tão comum que nunca tenta provar nada.

SOBRE AS TENTAÇÕES DOS PODERES ESPIRITUAIS

Um homem foi até Lin Chi e disse: "Meu mestre é um grande médium. O que você tem a dizer sobre seu mestre? O que ele pode fazer, que milagres faz?"

Lin Chi perguntou: "Que tipo de milagres seu mestre tem feito?"

O discípulo disse: "No outro dia ele me disse para atravessar um rio e ficar na outra margem, segurando um pedaço de papel na mão. O rio era muito largo, quase dois quilômetros. Ele estava do outro lado do rio e começou a escrever com uma pena, e sua escrita apareceu em meu papel. Eu mesmo presenciei isso, sou testemunha! O que seu mestre é capaz de fazer?"

Lin Chi disse: "Quando ele está com fome, come, e quando tem sono, dorme."

O outro falou: "Do que você está falando? Chama isso de milagres? Todos fazem essas coisas!"

Lin Chi respondeu: "Engano seu: ninguém faz isso. Quando você dorme, faz mil e uma coisas. Ao comer, pensa em mil e uma coisas. Mas, quando meu mestre dorme, ele apenas dorme: não fica se mexendo, não se vira, sequer sonha. Apenas o sono existe naquele momento, nada mais. E quando sente fome, ele come. Ele está sempre exatamente no lugar onde está."

Qual o sentido em escrever de uma margem do rio para a outra? Isso é pura tolice. Apenas os tolos se interessariam por isso. Qual o sentido?

Um homem disse a Ramakrishna que seu mestre era um grande homem, pois podia caminhar sobre a água.

Ramakrishna respondeu que isso era tolo, pois ele podia ir até o barqueiro e, em troca de algumas moedas, o barqueiro o levaria até o outro lado. "Seu mestre é um tolo. Vá e faça-o perceber que ele não deve ficar desperdiçando sua vida com coisas tão simples."

Mas a mente está sempre desejando algo. A mente não é nada além disso, um desejo constante de que alguma coisa aconteça. Algumas vezes está pensando em dinheiro, em ter mais dinheiro, em ter casas maiores, mais respeito, mais poder político. Então você se volta para a espiritualidade, mas a mente continua a mesma. Agora deseja ter mais poderes psíquicos, telepatia, clarividência e outras besteiras do mesmo gênero. Mas a mente permanece a mesma, querendo mais, sempre mais. Continua no mesmo jogo.

Agora é telepatia, clarividência, poderes psíquicos: "Se você pode fazer isso, posso fazer mais que isso. Posso ler os pensamentos das pessoas a quilômetros de distância."

A vida em si já é um milagre, mas o ego não está pronto para aceitar isso. Ele quer algo especial, algo que ninguém mais esteja fazendo, algo extraordinário.

10

VALOR

Não se preocupe muito com as coisas utilitárias. Em vez disso, lembre-se sempre de que você não está aqui para se tornar um utilitário, pois isso seria indigno. Você não está aqui apenas para tornar-se cada vez mais eficiente, e sim para tornar-se cada vez mais vivo. Está aqui para tornar-se cada vez mais inteligente. Está aqui para tornar-se cada vez mais feliz, feliz até atingir o êxtase.

SOBRE AS VIRTUDES DA INUTILIDADE

Lao Tsé estava viajando com seus discípulos e chegaram a uma floresta onde centenas de carpinteiros estavam cortando árvores, porque um grande palácio estava sendo construído. Quase toda a floresta já havia sido cortada, mas havia uma árvore ainda de pé, uma grande árvore com milhares de galhos, tão grande que dez mil pessoas poderiam sentar-se à sua sombra. Lao Tsé pediu a seus discípulos que fossem perguntar por que aquela árvore ainda não havia sido cortada, já que todas as outras haviam sido e a floresta estava deserta.

Os discípulos perguntaram aos carpinteiros: "Por que vocês não cortaram essa árvore?"

Os carpinteiros disseram: "Essa árvore é absolutamente inútil. Sua madeira não pode ser trabalhada, porque têm muitos nós. Nada é reto, então também não é possível usá-la para fazer colunas ou pilares, e não serve para móveis. Não pode ser queimada, porque a fumaça faz muito mal aos olhos. Então é uma árvore absolutamente inútil, só isso."

Quando os discípulos voltaram e contaram isso a Lao Tsé, ele riu e disse: "Se quiserem sobreviver nesse mundo, sejam como essa árvore: completamente inúteis. Nesse caso, ninguém irá querer machucar vocês. Se forem retos e alinhados, serão cortados, irão virar móveis na casa de alguém. Se forem belos, serão vendidos no mercado, se tornarão objetos. Mas, se forem inúteis como a árvore, ninguém irá lhes fazer mal. E vocês poderão crescer, tornando-se grandes e vastos, e milhares de pessoas poderão encontrar uma sombra ao lado de vocês."

Lao Tsé tem uma lógica completamente diferente da que existe na sua cabeça. Ele diz: seja o último. Mova-se no mundo como se você não existisse. Permaneça anônimo. Não tente ser o primeiro, não seja competitivo, não tente provar seu valor. Não é necessário. Permaneça inútil e aproveite.

Claro que ele não está sendo prático. Mas se você entender as palavras de Lao Tsé, descobrirá que ele está sendo prático no nível mais profundo, porque a vida é feita para ser desfrutada e celebrada, a vida não foi feita para que você se torne um utilitário. A vida está mais próxima da poesia do que dos artigos à venda no mercado. Deveria ser sempre assim: poesia, música, dança.

Lao Tsé diz: se você tentar ser muito esperto, se tentar ser muito útil, você será usado. Se tentar ser muito prático, em algum momento irão lhe colocar um cabresto, porque o mundo não pode deixar em paz aqueles que são práticos. Lao Tsé diz, então, que tudo isso deve ser deixado de lado. Abandone essas idéias. Se quiser ser um poema, um êxtase, esqueça-se da utilidade. Permaneça sincero a si mesmo.

11

RECONHECIMENTO

O que a mente deseja é ser extraordinária. O ego deseja que reconheçam que você é alguém. Alguém que atingirá esse sonho através da riqueza, ou alguém que atingirá o sonho através do poder ou da política. Pode ser alguém que atingirá o sonho através de milagres, de truques – não importa, pois o sonho é sempre o mesmo: "É intolerável ser ninguém."

E este é o milagre, quando você aceita ser ninguém, quando você se torna tão comum quanto todos os outros, quando não quer mais reconhecimento, quando pode existir como se não existisse. Estar ausente é o milagre.

O MESTRE, O JARDINEIRO E O VISITANTE

Esta história é linda, uma das mais belas anedotas do zen. Bankei é um dos mestres supremos, mas também era um homem comum.

Um certo dia Bankei estava trabalhando em seu jardim. Um jovem que estava à procura de um mestre se aproximou e perguntou a Bankei: "Jardineiro, onde está o mestre?"

Bankei riu e disse a ele: "Espere. Atravesse a porta, lá dentro você encontrará o mestre."

Então o homem deu a volta e entrou. Encontrou Bankei sentado em um trono, o mesmo homem que ele havia visto cuidando do jardim. O jovem disse: "Você está brincando? Saia desse trono, isso é sacrilégio! Você não possui respeito pelo mestre."

Bankei saiu do trono, sentou-se no chão e disse: "Assim você torna as coisas difíceis. Agora você não irá encontrar o mestre aqui, porque eu sou o mestre."

Era difícil para aquele homem ver que um grande mestre podia trabalhar no jardim, podia ser uma pessoa comum. Ele foi embora, pois não podia acreditar que aquele homem era o mestre. Ele não entendeu.

Todos têm medo de ser ninguém. Apenas algumas pessoas, muito raras, extraordinárias, não têm medo de ser ninguém – pessoas como o Buda Gautama, como Bankei. Um ninguém não é um fenômeno comum, é uma das grandes experiências da vida: o fato de que você é, mas ainda assim não é. Que você é pura existência sem nome, sem endereço, sem fronteiras. Nem pecador nem santo, nem inferior nem superior, apenas um silêncio.

As pessoas têm medo disso porque toda sua personalidade terá então desaparecido. Nome, fama, respeitabilidade, tudo isso terá desaparecido, daí o medo. Mas a morte irá levá-las, de qualquer forma. Aqueles que são sensatos permitem que essas coisas se vão por conta própria. Então não haverá mais nada para a morte levar. Então todo o medo desaparecerá, porque a morte não pode chegar até você, já que nada terá restado para ela. A morte não pode matar um ninguém.

Uma vez que consiga sentir essa anulação do ser, você será imortal. A experiência de anular o seu ser, de ser ninguém, é o sentido exato do nirvana, do nada, do silêncio absoluto e imperturbável, sem ego, sem personalidade, sem hipocrisia. Apenas silêncio – e a sinfonia dos insetos em meio à noite.

Você está aqui, de certa forma, e ainda assim não está.

Você está aqui por causa da velha associação com o corpo, mas olhe para dentro e verá que não está. E esse *insight*, essa percepção, onde há puro silêncio e puro estado-de-ser, isso é sua realidade, que a morte não pode destruir. Essa é sua eternidade, sua imortalidade.

Não há nada a temer. Não há nada a perder. E se você pensar que perdeu algo – nome, respeitabilidade, fama –, todas essas coisas não possuem valor. São brinquedos de crianças, não servem para as pessoas maduras. Você deve amadurecer, você deve *ser* apenas.

Seu ser-alguém é tão pequeno. Quanto mais você é alguém, menor é. Quanto mais você é ninguém, maior se torna. Seja absolutamente ninguém e você será *um* com a própria existência.

12

PERGUNTAS

Aquele que pergunta muito se perde na selva da filosofia. Deixe que as perguntas vão e venham. Olhe para a infinidade de perguntas da mesma forma que você olha para as pessoas andando na rua: não há nada a lhes dar, nada a lhes pedir. Mantenha seu distanciamento, observe de longe. Quanto maior for a distância entre você e suas perguntas, melhor. Porque é nesse espaço que a resposta surgirá.

O PROFESSOR E SUA SEDE POR RESPOSTAS

Um professor de filosofia foi procurar um mestre zen chamado Na-in e perguntou-lhe sobre Deus, sobre o nirvana, sobre a meditação e muitas outras coisas. O mestre ouviu em silêncio o que ele dizia – perguntas e mais perguntas – e depois falou: "Você me parece cansado. Veio de um lugar distante e subiu esta montanha, que é alta. Deixe-me primeiro servir um chá para você." E o mestre zen foi fazer chá. O professor esperou, a mente borbulhando com perguntas. E quando o mestre fez o chá e o aroma do chá começou a se espalhar, ele disse para o professor: "Espere, não tenha tanta pressa. Quem sabe? Talvez ao tomar o chá suas perguntas sejam respondidas, ou até mesmo antes."

O professor se sentia perdido. Ele começou a pensar que a viagem havia sido perda de tempo. "Esse homem parece estar louco. Como minhas perguntas sobre Deus podem ser respondidas pelo chá? Qual a importância de tomar chá? É melhor sair daqui o mais rápido possível." Mas, como ele estava muito cansado, decidiu esperar e tomar uma xícara de chá antes de voltar e descer a montanha.

O mestre trouxe o bule, começou a verter o chá na xícara e continuou fazendo isso, não parou. A xícara ficou cheia e o chá começou a transbordar sobre o pires, mas ele continuou. Então o pires também ficou cheio. Apenas um segundo a mais e o chá iria começar a escorrer para o chão, então o professor disse: "Pare! O que você está fazendo? Você está maluco? Não vê que a xícara está cheia? Não vê que o pires está transbordando?"

Então o mestre zen respondeu: "É exatamente nessa situação que você se encontra: sua mente está tão cheia de perguntas que, mesmo se eu responder, não haverá espaço para que a resposta possa entrar. Mas você me parece ser um homem inteligente, você foi capaz de perceber que, a partir de agora, uma única gota bastará para entornar chá no chão. Então eu digo a você: desde que entrou nesta casa, suas perguntas estão transbordando por todos os lados. É um lugar pequeno, mas já está transbordando com suas perguntas! Vá embora, esvazie sua xícara e depois retorne. Primeiro crie um pouco de espaço dentro de si mesmo."

13

DEIXANDO DE LADO O CONHECIMENTO

A verdade é sua própria experiência, sua própria visão. Mesmo que eu tivesse visto a verdade e a contasse a você, no momento em que eu a contar, ela se tornará uma mentira para você, não uma verdade. Para mim era uma verdade, para mim veio através dos olhos. É minha visão. Mas não será sua visão, será algo emprestado. Será uma crença, será conhecimento, mas não saber. E, se você começar a acreditar nela, estará acreditando em uma mentira.

Então lembre-se: mesmo uma verdade se torna uma mentira se entrar em você pela porta errada. A verdade precisa entrar pela porta da frente, pelos olhos. A verdade é uma visão, precisa ser vista com seus próprios olhos.

A VISÃO ASSUSTADORA DE NAROPA

Naropa era um grande erudito, um grande sábio, tinha milhares de discípulos. Um dia estava sentado, com milhares de escrituras antigas e raras à sua volta. Ele acabou adormecendo, pois estava muito cansado, e teve uma visão.

Ele viu uma mulher velha, extremamente velha, horrorosamente feia – uma bruxa. Ela era tão feia que ele começou a tremer no sonho. Era tão nauseante que ele queria escapar, mas para onde poderia ir? Estava preso, como se hipnotizado pela bruxa. Seus olhos eram como magnetos.

“O que você está estudando?”, perguntou a velha.

“Filosofia, religião, epistemologia, linguagem, gramática, lógica”, ele respondeu.

A velha tornou a falar:

“Você entende tudo isso?”

Naropa disse que sim, é claro que entendia.

“Mas você entende as palavras ou o sentido?”, perguntou novamente a velha.

Já haviam perguntado milhares de coisas a Naropa em sua vida, milhares de estudantes sempre perguntando, questionando. Contudo, ninguém havia perguntado isso: se ele entendia as palavras ou o sentido. E os olhos da mulher eram penetrantes, olhos que iam ao mais fundo do ser, era impossível mentir para ela. Para qualquer outro ele teria dito que entendia o sentido, obviamente, mas para essa mulher, essa mulher medonha, ele tinha que dizer a verdade:

“Eu entendo as palavras.”

A mulher ficou muito feliz. Começou a dançar e a rir, e sua feiura se transformou: uma beleza sutil começou a surgir nela. Naropa pensou: “Ela ficou tão feliz. Por que não deixá-la ainda mais feliz?” Então ele disse:

“Mas também entendo o sentido.”

A mulher parou de rir e de dançar. Começou a chorar e toda sua feiúra voltou, mil vezes pior. Naropa perguntou:

“Por que você está chorando? E por que estava rindo e dançando antes?”

Ela respondeu:

“Estava feliz porque um grande erudito como você não havia mentido. Mas agora estou chorando porque mentiu para mim. Eu sei, e você sabe, que você não entende o sentido.”

A visão desapareceu e Naropa havia sido transformado. Fugiu da universidade e nunca mais tocou em uma escritura em sua vida. Tornou-se completamente ignorante, pois entendeu que a mulher não era ninguém de fora, era apenas uma projeção. Era o próprio ser de Naropa que, através do conhecimento, havia se tornado tão feio. Bastou essa pequena compreensão, a de que ele não entendia o sentido, para que a feiúra se transformasse em algo belo.

A visão de Naropa é muito significativa. A menos que você sinta que o conhecimento é inútil, você nunca estará à procura da sabedoria. Você irá carregar a moeda falsa, pensando tratar-se de um tesouro verdadeiro. Você precisa perceber que o conhecimento é uma moeda falsa, pois não é conhecer, não é saber. No máximo o conhecimento é algo intelectual: o mundo foi entendido, mas o sentido se perdeu.

14

AUTENTICIDADE

Aquilo que é real não é o caminho. Aquilo que é real é a autenticidade daquele que busca. Gostaria de enfatizar este ponto.

Você pode percorrer qualquer caminho. Se você for autêntico e sincero, atingirá seu objetivo. Alguns caminhos são difíceis, alguns serão mais fáceis, alguns podem estar cercados por verde, outros podem passar por desertos. Haverá caminhos com cenários esplêndidos, enquanto em outros não haverá cenário algum. Essas coisas fazem parte do caminho, mas se você for sincero, honesto, autêntico e verdadeiro, então cada um dos caminhos o levará ao objetivo.

Então é possível reduzir tudo a uma só coisa: a autenticidade é o caminho. Não importa qual o caminho escolhido, se você for autêntico, cada um deles levará ao objetivo. O contrário também é verdadeiro: não importa que caminho você seguir, se não for autêntico não chegará a lugar algum. Sua autenticidade é a única coisa que lhe dá um centro. Todos os caminhos são secundários. O básico é ser autêntico, verdadeiro.

MILAREPA E O FALSO MESTRE

Esta é uma história contada a respeito de um grande místico chamado Milarepa.

Quando foi encontrar seu mestre no Tibete, ele era tão humilde, tão puro, tão autêntico que os outros discípulos ficaram com inveja dele. Era claro que ele seria o sucessor. E, como há sempre política envolvida, tentaram matá-lo.

Um dia disseram a ele: “Se você realmente acredita no mestre, pode saltar da montanha? Se você realmente acredita, se há uma completa confiança, então nada irá lhe acontecer, você não irá se machucar.” E Milarepa saltou, sem hesitar um instante sequer. Todos correram para baixo – era uma queda de quase mil metros. Desceram para procurar seus ossos espatifados no chão, mas, quando chegaram lá, encontraram-no sentado na postura de lótus, muito feliz, enormemente feliz. Ele abriu os olhos e disse: “Vocês têm razão, a confiança protege.”

Pensaram que deveria ter havido alguma coincidência. Uma outra vez, quando uma casa estava pegando fogo, disseram a ele: “Se você ama seu mestre e confia nele, pode entrar lá.” Ele saiu correndo para salvar uma mulher e seu filho que estavam lá dentro. O fogo era tão intenso que os outros discípulos acreditavam que ele iria morrer, mas, quando ele saiu com a mulher e a criança, não havia sequer uma queimadura em seu corpo. E ele tornou-se ainda mais radiante porque a confiança protege.

Um dia eles estavam a caminho para algum lugar e tinham que atravessar um rio. Disseram a ele: “Você não precisa ir no barco. Você tem uma confiança tão grande que poderá andar sobre o rio.” E ele andou.

Essa foi a primeira vez que o mestre o viu fazendo essas coisas. Ele não sabia que tinham dito a Milarepa que pulasse da montanha ou entrasse na casa em chamas. Mas dessa vez ele estava na outra margem e viu Milarepa andando sobre as águas e disse: “O que você está fazendo? Isso é impossível!”

E Milarepa respondeu: “Não há nada de impossível nisso! Estou fazendo isso através de seu poder, meu senhor.”

Então o mestre pensou: “Se meu nome e meu poder podem fazer isso com esse homem ignorante e estúpido, imagine comigo. E eu mesmo nunca tentei...” Então ele tentou fazer o mesmo. Afogou-se e nunca mais se ouviu falar nele depois desse dia.

15

ESTADO DE ALERTA

Esteja alerta. Sinta cada momento como se fosse o último. É bem possível que este seja de fato o último momento! Então aproveite-o o máximo, desfrute-o em sua totalidade. Nesta totalidade você estará alerta.

A MORTE SÚBITA DO DISCÍPULO DE EKIDO

O mestre japonês Ekido era um professor severo e seus pupilos tinham medo dele.

Um dia, enquanto batia as horas no gongo do templo, um dos pupilos esqueceu de um toque porque estava olhando para uma bela moça que passava por perto.

Sem que o pupilo soubesse, Ekido estava atrás dele. Ekido bateu no pupilo com seu bastão. O choque fez com que o coração do pupilo parasse e ele morresse.

Ao observar esta história você poderá pensar que o mestre matou seu discípulo. Não foi isso. O discípulo iria morrer de qualquer forma, aquele era o momento de sua morte. O mestre sabia disso, ele apenas usou o momento da morte para que o pupilo atingisse a iluminação. Isto não está contado na história, mas foi assim que ocorreu: do contrário, por que o mestre estaria atrás daquele discípulo? Ele não teria nada mais o que fazer? Naquele momento não havia nada que fosse mais significativo, porque este discípulo ia morrer e sua morte tinha que ser aproveitada.

Esta história é bela e muito significativa. O discípulo viu uma bela moça passar e perdeu toda a sua consciência. Todo o seu ser ficou cheio de desejo, ele queria seguir a moça, possuí-la. Estava alerta apenas um segundo antes, mas naquele instante não estava mais alerta.

Quando batia no gongo, estava completamente alerta. Isso é parte da meditação em um mosteiro zen: não importa o que você esteja fazendo, deve ter total percepção do que está fazendo. Seja o que for que você faça, esteja presente nesse ato como uma luz, e tudo se revelará. Então esse discípulo, no momento de sua morte, estaria alerta e em estado de percepção, mas a mente interveio e fez a última coisa, sua última saída: olhou para uma bela moça.

Nesse momento em que o discípulo perdeu a percepção, o mestre bateu com força em sua cabeça. O mestre estava vendo a morte aproximar-se, invisível, e usou o golpe apenas para restaurar a percepção do discípulo.

O mestre estava esperando atrás. Os mestres estão sempre esperando atrás de seus discípulos, seja física ou não-fisicamente, e este é um dos grandes momentos, quando uma pessoa está prestes a morrer. O mestre bateu nele com força, seu corpo caiu, mas por dentro ele voltou a estar alerta. O desejo desapareceu. Tudo caiu junto com o corpo, despedaçado: ele se tornou alerta. E, neste estado de alerta, ele morreu. Quando você consegue juntar o estado de alerta com a morte, você se torna iluminado.

16

IMITAÇÃO

Seja verdadeiro consigo mesmo, porque sua própria verdade poderá levá-lo à verdade suprema. A verdade das outras pessoas não pode ser a sua própria.

Você traz dentro de si uma semente. Apenas se essa semente crescer e se tornar uma árvore, você irá florescer. Nesse caso você estará em êxtase, terá uma bênção. Mas se você está seguindo outros, essa semente permanecerá morta. E você poderá acumular todas as idéias do mundo e ser bem-sucedido, mas irá sentir-se vazio porque nada mais pode preenchê-lo: apenas sua semente, quando virar uma árvore, irá preenchê-lo. Você só irá encontrar o contentamento quando sua verdade florescer, nunca antes disso.

O DEDO DE GUTEI APONTANDO PARA O UNO

O mestre zen Gutei tinha o hábito de levantar seu dedo sempre que explicava algo sobre o zen.

Um discípulo muito jovem começou a imitá-lo e, sempre que alguém perguntava ao discípulo o que seu mestre estava ensinando, o jovem levantava seu dedo.

Gutei soube disso e, um dia, ao encontrar o jovem que estava explicando algo com seu dedo levantado, Gutei segurou o jovem, puxou uma faca, cortou seu dedo e jogou-o longe.

Quando o jovem saiu correndo gritando, Gutei falou: "Pare!"

O jovem parou, virou-se e olhou para seu mestre, com os olhos cheios de lágrimas. Gutei havia levantado seu próprio dedo.

O jovem tentou levantar o seu dedo, mas, quando notou que não havia mais dedo, ele curvou-se.

Nesse instante ele se tornou iluminado.

Esta é uma história bem estranha e é possível que você a interprete de forma incorreta, porque a coisa mais difícil de entender na vida é o comportamento de uma pessoa iluminada.

Os mestres nunca fazem nada sem necessidade, nem mesmo levantar um dedo. Gutei não levantava sempre o seu dedo, apenas quando explicava uma questão relativa ao zen. Por quê? Todos os seus problemas surgem porque você está fragmentado, em desunião e caos, não em harmonia. E o que é a meditação? Apenas tornar-se um. As explicações de Gutei eram secundárias, aquele único dedo levantado era a coisa mais importante. Ele estava dizendo: "Seja *um* e todos os seus problemas estarão resolvidos."

O jovem começou a imitá-lo. A imitação não levará você a lugar algum. A imitação significa que o ideal vem de fora, não é algo que esteja acontecendo dentro de você. Você tem uma semente dentro de si, mas, se permanecer imitando os outros, essa semente continuará sem vida.

Gutei deve ter sido muito, muito pleno de compaixão. Apenas através da compaixão você pode ser tão duro – a imitação precisa ser cortada de forma severa. O dedo é apenas simbólico. O jovem precisava sofrer um choque severo, e o sofrimento precisava ir ao fundo de seu ser. Um momento intenso de percepção. Gutei gritou: "Pare." E, quando o jovem parou, não havia mais dor.

Então, por força do hábito, quando o mestre levantou seu dedo, o discípulo também o fez, mas o dedo não estava lá. Pela primeira vez o jovem compreendeu que ele não era o corpo, mas sim a consciência, a percepção. Ele é uma alma, e o corpo é apenas sua morada.

Você é a luz que brilha dentro: não a lâmpada, mas a chama.

17

UMA XÍCARA DE CHÁ

A percepção vem através da sensibilidade. Você tem que se tornar mais sensível a tudo aquilo que faz, de forma que mesmo uma coisa trivial como um chá se torne extraordinária. Você pode pensar em algo mais trivial do que um chá? Pode encontrar algo mais comum do que um chá? Não, não pode, e os monges zen elevaram essa coisa tão comum ao ponto de torná-la extraordinária. Eles criaram uma ponte entre o "isso" e o "aquilo", como se chá e Deus houvessem se tornado um só.

A menos que o chá se torne divino, você não poderá se tornar divino, porque o menor precisa ser elevado a maior, o ordinário precisa ser elevado ao extraordinário, a Terra precisa ser o Paraíso. É preciso criar uma ponte, não pode haver nenhuma brecha.

AS PÁLPEBRAS DE BODHIDHARMA E AS ORIGENS DO CHÁ

O chá foi descoberto por Bodhidharma, o fundador do zen. É uma bela história.

Ele estava meditando durante nove anos, olhando para uma parede. Nove anos apenas olhando para uma parede, continuamente, é natural que eventualmente ele começasse a ter sono. Ele brigava constantemente contra o sono – lembre-se, o sono metafísico, o inconsciente. Ele queria manter a consciência permanentemente – a luz deveria brilhar dia e noite, durante vinte e quatro horas. Isso é *dhyana*, isso é meditação: percepção.

Uma noite ele sentiu que seria impossível manter-se acordado, pois estava caindo no sono. Ele cortou fora suas pálpebras, jogou-as longe! Agora não havia mais como fechar os olhos. A história é linda.

Para obter a visão interior, esse olhar para fora deve ser abandonado. Esse é um preço que deve ser pago.

O que houve depois? Alguns dias mais tarde ele descobriu que suas pálpebras, que ele havia jogado no chão, haviam começado a brotar. O broto tornou-se chá. É por isso que, quando você bebe chá, um pouco de Bodhidharma entra em você e o mantém acordado. Bodhidharma estava meditando em uma montanha chamada *T'a*, e daí nos vem o nome, chá. Ele vem dessa montanha onde Bodhidharma meditou durante nove anos. Isto é uma parábola.

Quando um mestre zen diz "beba uma xícara de chá", ele está dizendo: "Experimente um pouco de Bodhidharma. Não se preocupe com seus questionamentos, se Deus existe ou não, quem criou o mundo, onde está o Paraíso e o Inferno, qual a teoria do carma e da reencarnação." Quando o mestre zen diz "Esqueça suas dúvidas e beba uma xícara de chá", ele está dizendo: "Melhor tornar-se mais perceptivo, não fique preso em todas essas coisas sem sentido. Nada disso irá ajudá-lo."

18

MEDITAÇÃO

Faça cada pequena coisa na vida mantendo uma percepção relaxada. Quando você estiver comendo, coma com totalidade: mastigue com totalidade, saboreie com totalidade, cheire com totalidade. Toque seu pão, sinta a textura. Mastigue-o, deixe que se dissolva em seu ser e permaneça consciente – você estará meditando. Então a meditação não estará separada da vida.

Sempre que a meditação é separada da vida, algo está errado. Ela se torna negação da vida. Nesse caso a pessoa começa a pensar em entrar para um mosteiro ou ir para uma caverna no Himalaia. Nesse caso a pessoa quer escapar da vida, porque a vida parece ser uma distração da meditação.

A vida não é uma distração, a vida é uma ocasião para a meditação.

DE QUE LADO DE SEU GUARDA-CHUVA VOCÊ DEIXOU SEUS SAPATOS?

Um discípulo foi ver Ikkyu, seu mestre. O discípulo já estava praticando há algum tempo. Estava chovendo e, quando ele entrou, deixou os sapatos e o guarda-chuva do lado de fora. Depois que ele lhe prestou homenagem, o mestre perguntou de que lado de seus sapatos ele deixara seu guarda-chuva.

Que tipo de pergunta é essa? Você não espera que os mestres façam essas perguntas sem nenhum sentido – espera que eles perguntem sobre Deus, sobre a energia *kundalini*, sobre abertura de chacras, luzes surgindo dentro de sua cabeça. São essas as perguntas, sobre aquilo que é oculto, esotérico. Mas Ikkyu fez uma pergunta muito comum. Nenhum santo cristão teria feito essa pergunta e tampouco um monge jani ou um swami hindu. Só poderia ter sido feita por alguém que estivesse realmente com o Buda, dentro de Buda, alguém que, na verdade, também é um Buda. O mestre lhe perguntou de que lado de seus sapatos ele deixara seu guarda-chuva. Mas o que sapatos e guarda-chuvas têm a ver com a espiritualidade?

Se a mesma pergunta lhe fosse feita, você ficaria chateado. Que tipo de pergunta é essa?

Mas há algo de imenso valor nela. Se ele houvesse perguntado sobre Deus, sobre sua energia *kundalini* ou sobre chacras, nada disso teria sentido. Mas havia um sentido nessa pergunta. O discípulo não conseguia se lembrar. Quem se preocupa onde foram deixados os sapatos e de que lado foi colocado o guarda-chuva, à esquerda ou à direita? Quem se importa? Quem presta tanta atenção assim a guarda-chuvas? Quem pensa em sapatos? Quem é tão cuidadoso assim?

Mas isso era o bastante: o discípulo foi recusado. Ikkyu disse: "Vá e medite durante mais sete anos."

"Sete anos?", disse o discípulo, "apenas por causa desse pequeno engano?"

Ikkyu disse: "Esse não foi um pequeno engano. Os enganos não são pequenos ou grandes. Você ainda não está vivendo em meditação, é apenas isso. Retorne, medite durante mais sete anos e depois volte aqui."

Essa é a parte essencial da mensagem: tenha cuidado com todas as coisas. E não faça distinções entre as coisas, dizendo que algo é trivial e algo é espiritual. Depende de você. Preste atenção, seja cuidadoso e tudo se tornará espiritual. Não preste atenção, não seja cuidadoso e tudo se torna não-espiritual.

A espiritualidade é atribuída às coisas por você, é seu presente para o mundo. Quando um mestre como Ikkyu toca o guarda-chuva, este guarda-chuva é tão divino quanto qualquer objeto pode ser. A energia da meditação é alquímica. Ela transforma o metal original em ouro e continua transformando aquilo que é comum em algo cada vez mais elevado. No ápice, tudo se torna divino. Esse próprio mundo é o Paraíso, e esse próprio corpo é o Buda.

19

PERMANEÇA CENTRADO

Onde quer que você esteja, fique centrado, fique alerta, viva de forma mais consciente. Não há nenhum outro lugar para ir. Tudo que precisa acontecer deve acontecer dentro de você, e isso só depende de você.

Você não é uma marionete, e as cordas que o sustentam não estão na mão de ninguém. Você é um indivíduo absolutamente livre. Se decidir permanecer nas ilusões, poderá permanecer assim por muitas e muitas vidas. Se decidir que está na hora de deixá-las para trás, basta um único instante para decidir.

Você pode deixar para trás todas as ilusões neste exato momento.

O MONGE E A PROSTITUTA

Buda estava passando alguns dias em Vaishali, onde Amrapali viveu – Amrapali era uma prostituta. No tempo de Buda, na Índia, era uma prática comum que as mulheres mais bonitas de cada cidade não se casassem com uma única pessoa, pois isso iria causar inveja, conflitos e brigas desnecessários. Então as mulheres mais belas tinham que se tornar *nagarvadhu* – esposas de toda a cidade.

Isso não trazia uma má reputação, pelo contrário, elas eram muito respeitadas. Não eram prostitutas comuns. Só eram visitadas por aqueles que eram muito ricos, ou reis, príncipes e generais, pessoas do mais alto nível social.

Amrapali era muito bonita. Um dia estava olhando a rua de sua varanda e viu um jovem monge budista. Ela nunca havia se apaixonado por ninguém, mas subitamente se apaixonou por esse jovem, que possuía uma enorme presença, percepção e graça. Ela desceu correndo e disse a ele: "Dentro de três dias a estação das chuvas irá começar." Como sabia que os monges budistas permaneciam no mesmo lugar durante os quatro meses da estação das chuvas, Amrapali disse: "Convido você para ficar em minha casa durante os próximos quatro meses."

O jovem monge respondeu: "Vou perguntar a meu mestre. Se ele me permitir, ficarei."

O jovem monge foi, tocou os pés de Buda e contou a ele a história toda. "Ela me pediu para ficar durante quatro meses em sua casa. Eu disse a ela que iria perguntar a meu mestre, então aqui estou eu. Farei o que você disser."

Buda olhou em seus olhos e disse: "Você pode ficar."

Era um choque. Dez mil monges... Havia um grande silêncio, mas muita raiva, muita inveja. Depois que o jovem se foi para ficar com Amrapali, os monges voltavam todos os dias com fofocas: "Toda a cidade está em ebulição. Só se fala em uma coisa: que um monge budista está na casa de Amrapali."

Buda disse: "Vocês deveriam ficar em silêncio. Eu confio no meu monge. Olhei em seus olhos e não havia desejo. Se eu tivesse dito não, ele não teria se chateado. Eu disse sim, e ele foi. Por que vocês todos estão tão agitados e preocupados?"

Após quatro meses o jovem retornou, tocou os pés de Buda e atrás dele estava Amrapali, vestida como uma monja budista. Ela tocou os pés de Buda e disse: "Fiz o possível para seduzir seu monge, mas foi ele que me seduziu. Convenceu-me, por sua presença e percepção, que a verdadeira vida consiste em segui-lo."

Buda disse então para os outros monges: "Estão satisfeitos?"

Se a meditação for profunda, se a percepção for clara, nada irá perturbá-la. Amrapali tornou-se uma das mulheres iluminadas entre os discípulos de Buda.

20

O EGO

O ego é um fenômeno social – é a sociedade e não você. Mas ele lhe dá uma função na sociedade, uma lugar em sua hierarquia. E, se você ficar contente com ele, irá perder a oportunidade de encontrar seu verdadeiro eu. Você já notou que há muito sofrimento que nos chega através do ego? Ele não pode lhe trazer contentamento, pode apenas aumentar seu sofrimento. O ego é o inferno. Sempre que estiver sofrendo, tente observar e analisar: você irá perceber que, de alguma forma, o ego é a causa do sofrimento.

A MULHER E A TRAVESSIA DO RIO

Dois monges budistas estavam voltando para seu mosteiro, quando chegaram a uma passagem em um rio. A correnteza era forte, era uma região montanhosa. Uma jovem e bela mulher estava ali, esperando que alguém a ajudasse, pois estava com medo de atravessar sozinha.

Um monge chegou perto do rio – o mais velho dos dois, é claro, pois como era mais velho andava na frente. Este também é um jogo do ego: se você é o mais velho, tem que andar na frente. Os monges mais novos vêm um pouco atrás. O monge mais velho vem primeiro.

A jovem lhe perguntou: "Você poderia me ajudar? Basta segurar minha mão, estou com medo que a correnteza seja forte e o rio pode ser fundo."

O velho fechou os olhos – foi isso que Buda disse para os monges: se vissem uma mulher, sobretudo uma mulher bonita, deveriam fechar os olhos. Isso me deixa um pouco surpreso: você primeiro vê a mulher e *depois* deve fechar os olhos? De outra forma, como poderia saber se é uma mulher e se é bonita? Você já foi afetado, mas deve fechar os olhos! Então ele fechou os olhos e entrou no rio sem responder à mulher.

Então o segundo monge, mais jovem, se aproximou. A mulher tinha medo, não havia outra saída, o sol já estava se pondo e em breve seria noite. Então ela pediu ao jovem monge: "Você poderia segurar minha mão? Estou com medo da correnteza."

O monge disse: "O rio é fundo, eu já o conheço. Apenas segurar suas mãos não será suficiente: sente-se sobre meus ombros e eu a carregarei até o outro lado."

Quando chegaram ao mosteiro, o monge mais velho disse ao mais moço: "Meu jovem, você cometeu um pecado e irei relatar que você não apenas tocou em uma mulher, não apenas conversou com ela, mas ainda a carregou em seus ombros! Você deveria ser expulso da comunidade, não é digno de ser um monge."

O jovem simplesmente riu e disse: "Parece que, apesar de eu ter deixado aquela mulher para trás há alguns quilômetros, você ainda a carrega nos seus ombros. Andamos quilômetros, mas você ainda está perturbado com isso?"

O que estava acontecendo com o velho monge, então? A mulher era bela, e ele havia deixado escapar uma chance. Ele estava irritado, com inveja. Estava cheio de sensualidade, muito confuso. O jovem, no entanto, estava completamente limpo. Ele carregou a mulher através do rio e a deixou na outra margem, foi só isso, a coisa toda terminou ali.

Nunca brigue contra a ganância, o ego, a raiva, a inveja, o ódio. Você não pode eliminá-los, não pode combatê-los. Tudo que pode fazer é percebê-los. No momento em que você tiver essa percepção, estará livre deles. Na luz, a escuridão simplesmente desaparece.

21

CONSCIÊNCIA

A sociedade está continuamente lhe dizendo o que está certo e o que está errado. Chamam isso de consciência. Ela se fixa, fica implantada em você. E você fica repetindo isso. Mas isso não tem valor, não é verdadeiro. O que é verdadeiro é sua própria consciência. Ela não traz respostas predefinidas sobre o que está certo e o que está errado. Mas, instantaneamente, em qualquer situação que surgir, ela lhe traz a luz, e você entende imediatamente o que deve ser feito.

MARIA MADALENA E O PERFUME PRECIOSO

Jesus foi visitar a casa de Maria Madalena. Maria o amava profundamente. Ela verteu um vidro inteiro de um perfume muito precioso em seus pés. Era um perfume tão raro que poderia ter sido vendido. Judas reagiu imediatamente, dizendo: "Você deveria proibir as pessoas de fazer essas coisas sem sentido. O perfume ficará estragado e há pessoas pobres que não têm nem o que comer. Você poderia ter distribuído o dinheiro para os pobres."

Jesus disse: "Não se preocupe com isso. Sempre haverá pobres e famintos, mas eu terei partido. Você pode servir a eles durante toda a sua vida, mas eu terei partido. Olhe o amor e não o precioso perfume. Olhe para o amor de Maria, para o seu coração."

Com quem você concorda? Jesus parece adotar uma postura muito burguesa e Judas parece perfeitamente econômico. Judas fala sobre os pobres, e Jesus diz apenas que ele partirá em breve, então Maria deve fazer o que seu coração deseja e Judas não deve interferir com seus pensamentos. Em geral você irá concordar com Judas. Ele era um homem culto, sofisticado, um pensador. Entretanto cometeu uma traição, vendendo Jesus por trinta moedas de prata.

Mas, quando Jesus foi crucificado, ele começou a se sentir culpado. É assim que um homem bom funciona. Começou a se sentir culpado, sua consciência começou a perturbá-lo. Ele cometeu suicídio. Era um bom homem e tinha uma consciência. Mas não era consciencioso.

Essa distinção precisa ser sentida bem a fundo. A consciência é emprestada, fornecida pela sociedade. A consciência é sua realização. A sociedade lhe ensina o que é certo e o que é errado: faça isso mas não aquilo. Ela lhe dá a moral, o código, as regras do jogo. Essa é sua consciência. Do lado de fora, o policial; do lado de dentro, a consciência. É assim que a sociedade mantém controle sobre você.

Judas tinha uma consciência, mas Jesus era consciencioso. Jesus estava mais preocupado com o amor da mulher, de Maria Madalena. Era algo tão profundo que coibi-lo seria ferir seu amor, ela iria afundar dentro de si mesma. Verter o perfume nos pés de Jesus era apenas um gesto. Por trás dele, ela estava dizendo: "Isso é tudo que eu tenho, a coisa mais preciosa que possuo. Verter água não seria o bastante, ela é barata demais. Gostaria de verter meu coração, gostaria de verter todo o meu ser..."

Mas Judas tinha apenas sua consciência. Olhou para o perfume e disse: "Isso é caro." Estava completamente cego para a mulher e seu coração. O perfume é material, mas o amor é imaterial. Judas não conseguia ver o imaterial. Para isso, você precisa dos olhos de quem é consciencioso.

22

A TOLICE DO CORAÇÃO

O coração tem razões que a mente desconhece. O coração tem sua própria dimensão do ser, que é completamente oculta para a mente. Ele é mais elevado e mais profundo que a mente, está além de seu alcance. Parece tolo. O amor sempre parece tolo porque não é utilitário. A mente é utilitária. Para ela, todas as coisas têm algum propósito, e esse é o sentido de ser utilitária. A mente transforma tudo em meio para atingir metas e objetivos, essa é sua orientação. O amor, contudo, não pode ser transformado em um meio, o que é um problema. O amor em si é um objetivo.

A LOUCA SABEDORIA DE FRANCISCO DE ASSIS

Os tolos possuem uma sabedoria sutil, e os sábios agem como tolos.

Antigamente, todos os imperadores tinham um bobo da corte. Também tinham sábios, conselheiros e ministros, mas sempre mantinham um bobo na corte. Por quê? Porque há coisas que os que se dizem sábios não serão capazes de entender, coisas que apenas um homem tolo pode entender. Isso porque aqueles que se dizem sábios são tão tolos que a inteligência e esperteza fecham suas mentes.

Um bobo da corte é tolo, e os tolos são necessários porque há coisas que os sábios não diriam por medo do imperador. Um tolo não tem medo de ninguém, irá falar sejam quais forem as conseqüências. É assim que agem os tolos, de forma simples, sem pensar em quais serão os resultados de seus atos. Um homem sensato sempre pondera o resultado, depois age. O pensamento vem primeiro, depois a ação. Um homem tolo age, o pensamento nunca vem antes.

Sempre que alguém atinge o supremo, não estará agindo como as pessoas que vocês dizem ser sensatas. Isso não é possível. Pode agir como um tolo, mas não como um homem sensato.

Quando São Francisco tornou-se um iluminado, ele costumava dizer que era o "bobo de Deus". O papa era sábio, mas, quando São Francisco foi falar com ele, até mesmo o papa achou que o homem havia enlouquecido. O papa era uma pessoa inteligente, racionalista, esperta – do contrário, como teria se tornado papa? Para tornar-se papa, é preciso ser muito hábil na política. Para tornar-se papa, é preciso ser diplomático, mas ao mesmo tempo ser um pouco agressivo e competitivo para deixar para trás os oponentes, para usar os outros como escada e depois colocá-los de lado. Tudo isso é política, porque o papa é um líder político. A religião é secundária, ou nem mesmo importa. Como um homem religioso poderia lutar e ser agressivo para obter um posto? Eles são apenas políticos.

São Francisco veio falar com o papa, e o papa achou que aquele homem era um tolo. Mas as árvores, os pássaros e os peixes pensavam de outra forma. Quando São Francisco ia até o rio, os peixes pulavam para celebrar sua vinda. Milhares de pessoas presenciaram esse fenômeno: todo o rio ficava tomado por peixes que pulavam simultaneamente. São Francisco havia chegado e os peixes estavam felizes. E aonde quer que ele fosse, os pássaros o seguiam e vinham pousar em sua perna, em seu colo. Eles entendiam esse tolo melhor do que o papa. Até mesmo árvores que tinham secado e estavam morrendo voltavam a verdejar e a dar flores se São Francisco estivesse próximo. As árvores compreendiam que esse tolo não era um tolo qualquer: ele era o "bobo de Deus".

23

ORAÇÃO

Deixe que seus gestos sejam espontâneos e cheios de vida. Deixe que sua própria percepção guie seu estilo de vida, seu padrão de vida. Não deixe que ninguém decida por você, pois isso seria um pecado. Por que é um pecado? Porque você nunca estará presente. Permanecerá superficial, será hipócrita.

Não pergunte a ninguém como rezar. Deixe que o momento decida, deixe que o momento seja decisivo, e a verdade daquele momento deverá ser sua oração. Uma vez que você tenha permitido que a verdade do momento tome conta de seu ser, começará a crescer e conhecerá a beleza profunda da oração. Você estará trilhando o caminho.

O AMOR E A LEI DE MOISÉS

Esta é uma história famosa a respeito de Moisés. Ele estava passando por uma floresta quando viu um homem orando. O homem estava dizendo coisas tão absurdas que Moisés teve que parar. O que o homem estava dizendo era profano, era sacrilégio. Ele dizia: "Deus, há momentos em que você deve estar se sentindo muito só. Eu posso ir e estar sempre com você, como se fosse sua sombra. Por que sofrer com a solidão quando eu estou aqui? Eu não sou um imprestável – posso lhe dar um bom banho e tirar todos os piolhos de seu cabelo e de seu corpo..."

Piolhos? Moisés não acreditava no que estava ouvindo: o que esse homem estava dizendo? "E irei cozinhar para você, todos gostam do que cozinho. Farei sua cama e lavarei suas roupas. Quando você ficar doente, irei cuidar de você, serei sua mãe, sua mulher, seu servo, seu escravo... Posso ser qualquer coisa, basta que você me dê um sinal para que eu possa ir..."

Moisés interrompeu-o e perguntou-lhe o que estava fazendo, com quem estava falando: "Piolhos no cabelo de Deus? Ele precisa tomar banho? Pare de falar besteiras! Isso não é uma oração, Deus irá se ofender com suas palavras!"

Olhando para Moisés, o homem se jogou a seus pés e disse: "Perdoe-me, sou um analfabeto, um ignorante. Não sei rezar, por favor me ensine!"

Então Moisés ensinou-lhe a forma correta de rezar e ficou muito feliz por ter colocado este homem no bom caminho. Feliz, com seu ego satisfeito, Moisés se foi.

E, quando ele estava sozinho na floresta, uma voz de trovão, vinda dos céus, disse: "Moisés, eu o trouxe ao mundo para levar as pessoas a mim, para criar uma ponte entre mim e elas, e não para afastar de mim aqueles que me amam. E foi exatamente isso que você fez. Aquele homem era um dos mais próximos a mim. Volte lá e peça desculpas. Diga-lhe que esqueça a reza que você ensinou. Você destruiu toda a beleza do diálogo dele. Ele é sincero, ele é amoroso. Seu amor é verdadeiro. Seja o que for que ele diga, as palavras vêm do fundo de seu coração, não são apenas parte de um ritual. O que você deu a ele, contudo, é apenas um ritual. Ele irá repetir as palavras, mas falará apenas com os lábios e não do fundo de seu ser."

24

O MAL USO DO PODER

O único antídoto para o mal uso dos poderes da mente é o amor. Do contrário, todo poder corrompe. Podem ser riquezas, pode ser prestígio, pode ser poder psíquico, não há diferença. Sempre que você se sentir poderoso, se não tiver o amor como antídoto, seus poderes se tornarão uma calamidade para os outros, uma maldição, porque o poder nos cega. O amor abre nossos olhos, limpa nossa visão. Através dele, sua percepção se torna nítida e clara.

COMO VIVEKANANDA PERDEU SUA CHAVE

No *ahsram* (no hinduísmo, uma comunidade religiosa onde os discípulos convivem com seu mestre) de Ramakrishna, em Calcutá, havia muitos discípulos e Vivekananda era o mais intelectual. Havia também um outro discípulo, que era um homem muito simples. Seu nome era Kalu. Era tão cheio de fé, tão religioso e emotivo que tinha em seu quarto centenas de estátuas de diferentes deuses. De manhã cedo ele se banhava no Ganges e depois ia orar para os deuses. É claro que todos tinham que ser venerados com a mesma intensidade, do contrário um deles poderia se ofender. Então Kalu gastava todo o seu dia com isso, e os outros riam dele, perguntando por que não rezava para um único deus, já seria o bastante.

Vivekananda estava entre os que mais debochavam de Kalu, dizendo: "Você é um tolo, são apenas estatuetas de pedra! Você está desperdiçando sua vida."

Um dia Ramakrishna deu a Vivekananda um determinado exercício de percepção para praticar. Disse a ele que fosse para sua cela, fechasse a porta e praticasse. Quando Vivekananda atingiu um certo estágio, sentiu-se tão cheio de poder que teve uma idéia: "Agora, se eu disser a Kalu, dentro de mim, que ele pegue todos os seus deuses e jogue no Ganges, ele irá obedecer."

Então ele disse, ainda dentro de sua cela e apenas para si mesmo: "Kalu, junte todos os seus deuses e jogue-os no Ganges."

Kalu colocou todos os deuses em um grande saco e estava levando o saco para o rio quando Ramakrishna correu atrás dele e perguntou-lhe o que estava fazendo.

Kalu disse: "Subitamente ouvi uma voz, que deve ter vindo do próprio deus, porque não havia mais ninguém no quarto, e a voz dizia: *Kalu, pegue todos os seus deuses e jogue-os no Ganges*. Era uma voz tão poderosa que eu não posso duvidar dela."

Ramakrishna disse: "Venha. Traga seus deuses de volta que eu irei lhe mostrar de onde a voz veio." Ele bateu na porta de Vivekananda. Vivekananda saiu e Ramakrishna estava muito zangado. "Vivekananda, jamais esperaria que você fizesse algo assim. Disse a você que se tornasse mais perceptivo, e não que arruinasse a vida de outro homem. Ele tem o coração tão puro, é tão amoroso, um homem tão bonito... Como você pôde fazer isso? A partir de agora, você jamais terá esses poderes de novo."

Conta-se que Vivekananda morreu sem atingir a iluminação. Ainda que tenha se tornado o sucessor de Ramakrishna, porque era um grande orador, tinha carisma e influenciava as pessoas, ele mesmo morreu miseravelmente, sem nenhum conhecimento. E isso só aconteceu porque ele, tendo obtido um pouco de poder, decidiu usá-lo para perturbar um homem simples – não usou seu poder para ajudar alguém, mas sim para prejudicar uma pessoa.

25

LUZ NO CAMINHO

Um raio de luz não ilumina seu caminho, não funciona como uma lanterna em sua mão. Apenas lhe dá um lampejo, uma breve visão da estrada adiante. Mas essa visão única e momentânea é muito importante, porque firma seus pés, reforça sua vontade, fortalece sua resolução de atingir o destino. Você viu a estrada, sabe que está ali e que você não está vagando sem rumo. Um raio de luz bastou para que você tivesse uma breve visão da estrada que deve trilhar e do templo que está no final de sua jornada.

O FILÓSOFO, O MÍSTICO E A TEMPESTADE TROVEJANTE

Eu li a respeito de dois homens que estavam perdidos em uma floresta numa noite muito escura. Era uma floresta perigosa, cheia de animais selvagens, muito densa, estavam cercados por escuridão. Um homem era filósofo, o outro um místico. De repente caiu uma tempestade, duas nuvens se chocaram e um grande raio cortou o céu.

O filósofo olhou para o raio, o místico olhou para o caminho. Naquele momento em que o raio caiu, o caminho à sua frente ficou iluminado. O filósofo olhou para o raio, começou a se perguntar o que estava acontecendo e, assim, perdeu a visão do caminho.

A floresta na qual você está perdido é mais densa que esta da história. A noite é ainda mais negra. Algumas vezes há um raio de luz – olhe para o caminho.

Chuang Tzu é um raio de luz, Buda é um raio de luz, eu sou um raio de luz. Não olhe para mim, olhe para o caminho. Se olhar para mim, terá deixado o momento passar, porque o raio não continuará brilhando. Dura apenas um instante, e o momento no qual a eternidade penetra no tempo é raro, assim como um raio.

Se você olhar para o raio, se você olhar para um Buda – e um Buda é sempre belo, sua face é fascinante, seus olhos, magnéticos –, terá perdido o caminho.

Olhe para o caminho e esqueça o Buda. Olhe para o caminho e faça algo: siga o caminho, haja. O pensamento não poderá guiá-lo, apenas a ação, porque o pensamento se dá dentro de sua cabeça. Nunca pode se tornar pleno, apenas suas ações podem ser plenas.

Preste atenção na vida! Viver é o que há de mais real. Não fique colecionando informações sobre o que é a meditação – em vez disso, medite! Não fique colecionando informações sobre o que é a dança, certamente há enciclopédias sobre a dança, mas nada do que estiver ali fará sentido a menos que você dance.

Jogue fora essas enciclopédias! Deixe de lado o peso do conhecimento e comece a viver. E quando você começar a viver, então as coisas comuns e ordinárias se tornarão uma beleza extraordinária. São pequenas coisas, pois a vida consiste em pequenas coisas, mas quando você leva para elas um amor intenso, apaixonado, elas se transformam, se enchem de luz.

26

SINGULARIDADE

Todo ser humano é único, singular. Não se pode falar que alguém seja superior ou inferior. Sim, as pessoas são diferentes. Deixe-me lembrá-lo de uma coisa, do contrário você talvez me entenda mal. Não estou dizendo que somos todos iguais. Ninguém é superior, ninguém é inferior, mas ninguém é igual tampouco. As pessoas são simplesmente únicas, incomparáveis. Você é você, eu sou eu. Tenho que contribuir para a vida com meu potencial, você tem que contribuir com o seu. Tenho que descobrir meu próprio ser, você tem que descobrir o seu.

ALÉM DA SUPERIORIDADE E DA INFERIORIDADE

Quando a inferioridade desaparece, todos os sentimentos de superioridade também desaparecem. São dois lados de uma mesma moeda, um não existe sem o outro. Alguém que se sinta superior ainda está se sentindo inferior em algum ponto. Alguém que se sinta inferior deseja ser superior em algum sentido. Os dois vêm em par, estão sempre juntos, não podem ser separados.

Um dia...

Um homem muito orgulhoso, um guerreiro, um samurai, veio ver um mestre zen. Era um samurai famoso, conhecido em toda a região. Mas, ao olhar para o mestre, ao ver a beleza do mestre e a graciosidade do momento, subitamente sentiu-se inferior. Talvez houvesse vindo com um desejo inconsciente de provar sua superioridade.

Disse ao mestre: "Por que estou me sentindo inferior? Há um segundo atrás, tudo estava bem. Quando entrei aqui, subitamente me senti inferior. Nunca me senti assim. Minhas mãos estão tremendo. Sou um guerreiro, enfrentei a morte muitas vezes e nunca senti medo algum. Por que, então, me sinto assustado?"

O mestre disse: "Espere. Quando todos tiverem partido, irei responder." As pessoas continuaram vindo visitar o mestre, e o homem estava ficando cada vez mais cansado. No final da tarde, o quarto estava vazio e o samurai disse: "Agora você pode me dar uma resposta?" O mestre respondeu: "Vamos lá para fora."

Era uma noite de lua cheia, e a lua acabara de surgir no horizonte. O mestre disse: "Olhe para essas árvores, essa aqui, tão alta que quase toca o céu, e essa outra, pequena. Elas estão aqui, ao lado de minha janela, há anos, e nunca houve problema algum. A árvore pequena nunca disse às maiores que se sentia inferior a elas. Como isso é possível? Essa árvore é pequena e esta outra tão grande, e ainda assim nunca ouvi uma reclamação."

O samurai disse: "É por que elas não podem se comparar."

O mestre respondeu: "Então você não precisa me perguntar nada, pois já sabe a resposta."

A comparação traz a inferioridade, a superioridade. Quando você não se compara, toda a inferioridade e a superioridade desaparecem. Você é, você simplesmente está presente. Um arbusto, uma árvore alta, não importa: você é aquilo que é. Uma folha de grama é tão necessária quanto a maior das estrelas. Sem a folha de grama, Deus seria menor do que ele é. O canto de um pássaro é tão necessário quanto qualquer Buda: o mundo será menor, terá menos riqueza se o canto desaparecer.

Olhe em volta. Tudo é necessário, tudo se junta. É uma unidade orgânica: ninguém é superior e ninguém é inferior. Todos somos incomparavelmente singulares, únicos.

27

DÁDIVAS OCULTAS

O único problema em relação à tristeza, desesperança, raiva, ansiedade, angústia e miséria é que você quer se livrar delas. Esta é a única barreira. Você terá que viver com elas. Não pode simplesmente escapar. Elas são a própria situação na qual a vida precisa se integrar e crescer. São os desafios da vida. Aceite-os, pois são dádivas ocultas.

AS VENTURAS E DESVENTURAS DE UM CAMPONÊS

Um homem tinha um belo cavalo, e o cavalo era tão raro que até mesmo imperadores haviam pedido ao homem que o vendesse, pelo preço que quisesse, mas ele sempre recusou. Uma manhã ele descobriu que o cavalo havia sido roubado. Todos no vilarejo se juntaram e disseram: "Como você é azarado! Você poderia ter ganhado uma fortuna, as pessoas lhe ofereceram muito dinheiro. Mas você foi teimoso e tolo. Agora seu cavalo foi roubado e você não tem mais nada."

O homem, contudo, apenas riu e falou: "Não digam besteiras! Digam apenas que o cavalo não está mais no estábulo. Deixem o tempo passar, então veremos."

Quinze dias depois o cavalo voltou, e não estava sozinho. Trouxe consigo mais de uma dezena de cavalos selvagens que viviam na floresta. Todos no vilarejo se juntaram e disseram: "Ele estava certo! Seu cavalo voltou e trouxe mais doze lindos cavalos. Agora ele pode ganhar todo o dinheiro que desejar."

Foram até o homem e disseram para ele: “Desculpe-nos, não podíamos entender o futuro e os caminhos de deus, mas você é formidável! Você sabia de alguma coisa, deve ter previsto o futuro.”

Ele disse: “Não digam besteiras! Tudo que sei é que o cavalo voltou com doze cavalos. Ninguém sabe o que vai acontecer amanhã.”

E no dia seguinte o único filho desse homem estava tentando montar um dos novos cavalos quando caiu e quebrou as duas pernas. Mais uma vez todos se juntaram e disseram: “Você estava certo, não é possível prever o futuro. Os cavalos foram uma maldição, seria melhor que seu cavalo não tivesse voltado. Agora seu filho ficará aleijado para o resto da vida.”

O homem respondeu: “Não tirem conclusões apressadas! Esperem e vejam o que irá acontecer. Apenas podemos dizer que meu filho quebrou suas pernas, é tudo.”

Algumas semanas mais tarde, todos os jovens do vilarejo foram levados à força pelo governo, porque o país estava prestes a entrar em guerra. Apenas o filho desse homem ficou, pois não servia para marchar. Todos se juntaram e disseram: “Nossos filhos foram levados! Pelo menos você ficou com o seu. Ainda que ele esteja aleijado, ele está aqui. Nossos filhos se foram e o inimigo é muito mais forte, eles serão todos mortos. Quando ficarmos velhos, não teremos ninguém para tomar conta de nós, mas você terá seu filho e talvez ele fique curado.”

Mas o homem disse: “Digam apenas que seus filhos foram levados pelo governo. Meu filho ficou, mas não se pode concluir mais nada além disso.”

Limite-se aos fatos! Não pense nas coisas como uma maldição ou uma bênção. Não as interprete e, subitamente, você verá que tudo é belo.

28

AUTO-ACEITAÇÃO

Você não pode melhorar a si mesmo. Não estou dizendo que não é possível melhorar, apenas que você não pode melhorar a si mesmo. Quando você pára de se melhorar, a vida melhora você. Nesse relaxamento, nessa aceitação, a vida começa a fluir por você.

Ninguém jamais foi como você, e ninguém jamais será como você. Você é simplesmente único, incomparável. Aceite isso, ame isso, celebre isso – e dentro desta própria celebração você começará a ver a singularidade dos outros, a incomparável beleza dos outros. O amor só é possível quando há uma aceitação profunda de si mesmo, do outro, do mundo. A aceitação cria um meio em que o amor cresce, é o solo em que o amor floresce.

O AMOR-PERFEITO NO JARDIM DO REI

Ouvi a seguinte história:

Um rei passeou por seu jardim e encontrou suas árvores, arbustos e flores murchos, quase morrendo. O carvalho disse que estava morrendo porque não podia ser tão alto quanto o pinho. Virando-se para o pinho, percebeu que estava murcho porque não podia dar uvas como a videira. A videira, por sua vez, estava morrendo porque não podia florescer como a roseira. Mas encontrou o amor-perfeito florescente e muito viçoso. Ao perguntar, recebeu a seguinte resposta:

"Acreditei que, ao me plantar, você quisesse um amor-perfeito. Se houvesse desejado um carvalho, uma videira ou uma roseira, teria plantado um deles. Então pensei: já que você havia me colocado aqui, deveria fazer o melhor para ser aquilo que você deseja. Não posso ser nada além daquilo que sou, e estou tentando sê-lo da melhor forma que me é possível."

Você está aqui porque essa existência precisa de você tal como é. Caso contrário, outra pessoa estaria aqui! A existência não teria ajudado você a estar aqui, não o teria criado. Você está cumprindo algo muito essencial, muito fundamental, *ao ser como é.*

Se Deus quisesse um Buda, ele teria produzido tantos Budas quantos desejasse. Produziu um único Buda – isso bastou, ele ficou satisfeito consigo mesmo, profundamente satisfeito. Desde então ele não produziu outro Buda ou outro Cristo. Em vez disso, criou você. Pare e pense no respeito que o Universo lhe atribuiu! Você foi escolhido, não Buda, não Cristo, não Krishna.

Você será mais necessário, essa é a razão. Você encaixa melhor agora. O trabalho deles já foi feito, contribuíram com suas fragrâncias para a existência. Agora você deve contribuir com sua própria fragrância.

Contudo, os moralistas, os puritanos, os padres, todos continuam querendo lhe ensinar lições, querem deixar você maluco. Dizem à rosa: "Torne-se um lótus." E dizem ao lótus: "O que você está fazendo aqui? Você deve se tornar alguma outra coisa." Deixam todo o jardim louco e tudo começa a morrer, porque ninguém pode ser outra pessoa, isso não é possível.

Foi isso que aconteceu à humanidade. Todos estão fingindo. A autenticidade se perdeu, a verdade se perdeu, todos tentam ser outra pessoa.

Olhe para si mesmo: você está fingindo ser outra pessoa. Mas só pode ser você mesmo, não há outra forma, nunca houve, não é possível ser outra pessoa. Você permanecerá sendo você mesmo. Pode divertir-se com isso e florescer, ou pode secar aos poucos caso condene aquilo que você é.

29

GRATIDÃO

A partir do momento em que uma pessoa é capaz de ser grata tanto pela dor quanto pelo prazer, sem nenhuma distinção, sem nenhuma escolha, apenas sendo grato por aquilo que lhe é dado... Porque se foi dado por Deus, deve haver uma razão para isso. Podemos gostar ou podemos não gostar, mas deve ser necessário para o nosso crescimento. Tanto o inverno quanto o verão são necessários para o nosso crescimento. Quando essa idéia se houver firmado no coração, então cada momento de vida é um momento de gratidão.

Permita que isso seja sua meditação e sua oração: agradeça a Deus por cada momento: pelos risos, pelas lágrimas, por tudo. Então você sentirá um silêncio crescendo em seu coração tal como você nunca conheceu antes. Isso é o êxtase.

UMA NOITE SEM ABRIGO

A primeira coisa é aceitar a vida como ela é. Ao aceitar isso, o desejo desaparece. Aceitando a vida como ela é, as tensões desaparecem, o descontentamento desaparece. Aceitando-a como ela é, você começa a se sentir cheio de alegria, sem nenhum motivo aparente! Quando a alegria tem um motivo, ela não vai durar muito. Quando a alegria vem sem razão, irá durar para sempre.

Aconteceu na vida de uma mulher, uma adepta do zen muito conhecida. Seu nome era Rengetsu. Poucas mulheres atingiram o supremo no zen. Essa é uma dessas raras mulheres.

Ela estava em uma peregrinação e chegou a um vilarejo no final da tarde, pedindo que alguém lhe desse abrigo durante a noite. Mas todos lhe fecharam suas portas, eles eram contra o zen. O zen é tão revolucionário, tão rebelde, que é difícil aceitá-lo. Ao aceitá-lo, você será transformado, nunca mais será o mesmo. As pessoas mais conservadoras sempre foram contra tudo que é verdadeiro na religião. A tradição é tudo aquilo que é falso na religião. Então os habitantes daquele vilarejo deviam ser budistas tradicionais e não permitiram que aquela mulher ficasse na cidade, eles a colocaram para fora.

Era uma noite fria e Rengetsu, já velha, não tinha abrigo nem comida. Teve que improvisar um abrigo sob uma cerejeira no campo. Estava fazendo muito frio e ela não conseguiu dormir bem. Era perigoso também, pois havia animais selvagens. Por volta da meia-noite ela acordou, pois estava demasiado frio, e viu, no céu noturno, as flores abertas da cerejeira rindo para a lua enevoada. Tomada por esta beleza, ela se levantou e se curvou em direção ao vilarejo, em sinal de agradecimento, dizendo as seguintes palavras:

Através de sua bondade
ao recusar-me abrigo
descobri-me sob as flores
na noite desta lua enevoada.

Ela se sente grata. Cheia de gratidão, agradece àquelas pessoas que não lhe deram abrigo. Do contrário, estaria dormindo sob um teto comum e teria perdido essa bênção – o cerejeiro florido, esse sussurro com a lua enevoada e o silêncio da noite, esse profundo silêncio da noite. Não está zangada, ela aceita o que lhe aconteceu. Não apenas aceita, mas se sente grata por isso.

Uma pessoa se torna um Buda quando é capaz de aceitar, com gratidão, tudo aquilo que a vida traz.

30

AQUILO QUE NUNCA MORRE

Lembre-se, a cada momento, do que você está acumulando. É algo que será levado pela morte? Se for, então não vale o aborrecimento. Mas, se não for algo que a morte levará, então até mesmo a vida pode ser sacrificada em nome disso porque, mais cedo ou mais tarde, a vida desaparecerá. Antes que a vida desapareça, aproveite sua chance de encontrar aquilo que nunca morre.

A MÃE EM LUTO E AS SEMENTES DE MOSTARDA

O marido de uma mulher havia morrido. Ela era jovem e tinha apenas um filho. Queria cometer *sati*, queria pular na pira funerária com seu marido, mas seu filho pequeno a impedia. Ela tinha que viver por causa desse filho.

Depois o filho também morreu. Isso passou da conta. Ela quase ficou louca, perguntando às pessoas: "Há algum médico em algum lugar que possa trazer meu filho de volta? Eu vivia apenas para ele, agora minha vida está completamente vazia."

Por coincidência, Buda estava prestes a chegar àquela cidade, então as pessoas disseram: "Leve seu filho para Buda. Diga a ele que você estava vivendo para essa criança, que morreu, e peça que ele, que é um ser tão iluminado, tenha piedade de você e traga seu filho de volta à vida."

A mulher foi até Buda. Colocou o corpo da criança morta aos pés de Buda e disse: "Traga-o de volta à vida. Você conhece todos os segredos da vida, você atingiu o ápice da existência. Pode fazer esse pequeno milagre para uma pobre mulher?"

Buda disse: "Posso fazê-lo, mas há uma condição."

Ela respondeu: "Aceito qualquer coisa."

Buda disse: "A condição é que você ande pela cidade e me traga, de uma casa onde ninguém nunca morreu, algumas sementes de mostarda."

A mulher não conseguia entender o que havia por trás daquilo. Passou por uma casa e disseram: "Algumas sementes de mostarda? Poderíamos lhe dar uma carroça cheia de mostarda se Buda puder trazer seu filho de volta. Mas já vimos tanta morte em nossa família..." Era um vilarejo pequeno, e ela foi a todas as casas. Todos queriam ajudar: "Quantas sementes você quer?" Mas a condição era impossível de cumprir, pois todos haviam tido muitas mortes em suas famílias...

No final do dia ela havia entendido que todos aqueles que nasceram um dia irão morrer, então não havia muito sentido em trazer a criança de volta. Ele irá morrer de novo. É melhor procurar o eterno, aquilo que nunca nasceu e nunca morre. Retornou, de mãos vazias, e Buda perguntou-lhe onde estavam as sementes de mostarda.

Ela riu. Pela manhã havia chegado chorando, mas agora ela riu e respondeu: "Você me pregou uma peça! Todos aqueles que nascem irão morrer. Não há uma única família em todo o mundo na qual ninguém jamais tenha morrido. Então não quero que meu filho volte a viver, pois não faria sentido. Esqueça a criança. Inicie-me na arte da meditação de forma que eu possa ir à terra e ao espaço da imortalidade, lá onde nascimento e morte nunca ocorreram."

É isso que chamo de verdadeiro milagre: cortar o problema no fundo de suas raízes.

31

DISTANCIAMENTO

Continue sentindo algo dentro de você que é o mesmo, não importa o que aconteça a seu redor. Quando alguém o insultar, concentre-se até que você apenas esteja ouvindo a outra pessoa, sem fazer nada, sem reagir, apenas ouvindo. Você está sendo insultado. E quando alguém estiver elogiando você, faça o mesmo, apenas ouça. Insultos ou elogios, honra ou desonra, apenas ouça. O que está a seu redor ficará perturbado. Olhe para isso também, mas não tente mudar. Apenas olhe, mantendo seu centro, olhando a partir daí. Você terá um distanciamento que não será forçado, será espontâneo, natural. E uma vez que você tenha sentido esse distanciamento natural, nada poderá perturbá-lo.

HAKUIN E O RECÉM-NASCIDO

Em uma aldeia onde o grande mestre zen Hakuin estava vivendo, uma moça ficou grávida. Seu pai a forçou a dizer quem era o pai da criança e, para evitar ser punida, ela disse a ele que era Hakuin.

O pai nada mais disse, mas, quando a criança nasceu, ele imediatamente levou o recém-nascido até Hakuin e o colocou na sua frente: "Parece que esta criança é seu filho", disse ele, e depois soltou todos os insultos e seu desprezo em relação à desgraça que aquilo representava.

Hakuin disse apenas: "É mesmo?", e tomou o bebê em seus braços. Aonde quer que ele fosse depois desse dia, levava sempre o bebê, envolto na manga de seu quimono. Nos dias chuvosos ou de tempestade ele saía para pedir leite nas casas vizinhas. Muitos de seus discípulos, acreditando que ele estava perdido, voltaram-se contra ele e o abandonaram. E Hakuin não disse uma palavra sequer.

No meio tempo, a mãe descobriu que não conseguiria suportar a dor de estar separada de seu filho. Confessou, então, o nome do verdadeiro pai. Seu pai, ao ouvir isso, foi correndo até Hakuin e se curvou à sua frente, pedindo desculpas seguidamente.

Hakuin disse apenas: "É mesmo?", e devolveu-lhe a criança.

Para as pessoas comuns, aquilo que os outros falam significa muito, porque elas não possuem nada que lhes seja próprio. Não importa o que pensam ser, não passam de opiniões de outras pessoas. Alguém disse: você é bonito. Alguém disse: você é inteligente. E a pessoa vai colecionando todas essas opiniões. Por isso está sempre com medo e não deve se comportar de uma determinada maneira, pois poderia perder sua reputação, sua respeitabilidade. Está sempre com medo da opinião pública, do que os outros vão dizer, porque tudo que sabe sobre si mesmo é aquilo que os outros lhe disseram. Se as pessoas mudarem de idéia, o deixarão nu. Então ele não saberá quem é, se é feio, bonito, inteligente, tolo. Não tem a menor idéia do que é seu próprio ser: depende da opinião dos outros.

Mas aquele que medita não precisa da opinião dos outros. Ele conhece a si mesmo, não importa o que os outros dizem. Mesmo que o mundo inteiro diga algo que vá contra sua própria experiência, ele simplesmente irá rir. No limite, essa pode ser a única resposta. Mas ele não irá tomar nenhuma atitude para mudar a opinião das pessoas. Quem são elas? Elas não se conhecem, mas ainda assim tentam rotulá-lo. Ele irá rejeitar os rótulos. Dirá, simplesmente: "Eu sou aquilo que sou, e é isto que serei."

32

PARA ALÉM DA FAMÍLIA

Você nasceu com uma enorme possibilidade de inteligência. Você nasceu com uma luz dentro de você. Ouça a pequena e silenciosa voz dentro de você, ela irá guiá-lo. Ninguém mais poderá guiá-lo, ninguém mais poderá ser um modelo para sua vida, porque você é único. Nunca houve ninguém como você, e jamais voltará a existir outra pessoa exatamente como você. Essa é sua glória, sua grandeza: o fato de ser absolutamente insubstituível, de ser apenas você mesmo e ninguém mais.

"NINGUÉM É MINHA MÃE..."

Jesus era ainda uma criança e seu pai e sua mãe foram ao grande templo para o festival anual. Jesus se perdeu em meio à multidão e somente no final da tarde seus pais conseguiram encontrá-lo. Ele estava sentado com alguns eruditos, ainda criança, e estava discutindo coisas com eles. Seu pai disse: "Jesus, o que você está fazendo aqui? Estávamos preocupados com você."

Jesus respondeu: "Não se preocupem. Estava cuidando dos negócios de meu pai."

"Mas eu sou seu pai! Do que você está cuidando aqui? Sou um carpinteiro", disse o pai.

Jesus respondeu: "Meu pai está no Paraíso. Você não é meu pai."

Assim como uma criança precisa sair do corpo da mãe, sair do útero, ou do contrário morrerá, a mesma coisa acontece em termos mentais. Um dia é necessário sair do útero do pai e da mãe.

Não apenas fisicamente, mas mentalmente; não apenas mentalmente, mas também espiritualmente. E, quando a criança espiritual houver nascido, houver rompido completamente com seu passado, pela primeira vez se tornará um "eu", uma realidade independente, vivendo por conta própria. Antes disso a pessoa é apenas parte da mãe ou do pai, ou da família, mas ainda não é ela mesma.

Não importa o que esteja fazendo, não importa o que esteja pensando, não importa o que esteja decidindo, olhe: está vindo de você mesmo ou há outra pessoa falando? Você ficará surpreso ao encontrar a voz real: talvez seja sua mãe, e você a ouvirá falando outras vezes. Talvez seja seu pai, não é difícil perceber. As coisas permanecem lá, gravadas em você exatamente como lhe foram dadas pela primeira vez: o conselho, a ordem, a disciplina, o mandamento.

Você descobrirá muitas pessoas: padres, professores, amigos, vizinhos, parentes. Não é necessário lutar. Se você souber que não é a sua voz, e sim a de outra pessoa, seja quem for, você saberá que não deverá segui-la. Sejam quais forem as conseqüências, agora você está decidido a se mover por conta própria, está decidido a amadurecer. Já foi uma criança por muito tempo. Por muito tempo você ouviu todas essas vozes e as seguiu. E como elas o deixaram? Caótico.

Então, uma vez que você tenha entendido de quem é a voz, diga adeus a ela... A pessoa que lhe deu essa voz não era sua inimiga. Sua intenção não era ruim, mas não estamos aqui para falar de intenções. A questão é que essa pessoa impôs a você algo que não está vindo de sua fonte interior. E qualquer coisa que venha de fora o torna um escravo psicológico. Somente a sua voz o levará ao florescimento, à liberdade.

33

RENOVAÇÃO

Quando não houver passado, quando não houver futuro, então haverá paz. O futuro significa aspirações, realizações, metas, ambições, desejos. Você não pode estar aqui, agora, pois está sempre correndo atrás de alguma outra coisa em outro lugar. Todos temos que estar integralmente presentes no presente, pois então haverá paz. E a partir daí a vida se renova, pois a vida conhece apenas um tempo, que é o presente. O passado é a morte, o futuro é apenas uma projeção do passado morto. O que você pode pensar sobre o futuro? Você pensa em termos de seu passado, é o que você conhece e é isso que será projetado, obviamente em uma versão melhorada. Será mais bonito, mais bem decorado. Todas as dores são deixadas para trás e apenas os prazeres foram escolhidos, mas ainda assim é o passado. O passado não é, o futuro não é, apenas o presente é. Estar no presente é estar vivo, no que há de melhor em si, e isso é a renovação.

A HERANÇA DE BUDA

Apenas um dia antes que o Buda Gautama partisse de seu palácio em busca da verdade, sua esposa teve um filho. Esta é uma história muito humana, muito bonita. Antes de deixar o palácio ele queria ver, apenas uma vez, a face de seu filho, símbolo de seu amor por sua mulher. Então entrou nos aposentos dela. Ela estava dormindo e a criança estava coberta, sob um cobertor. Ele quis tirar o cobertor para poder ver o rosto da criança, pois talvez ele nunca voltasse.

Estava partindo em uma peregrinação sem destino. Estava arriscando tudo, seu reino, sua mulher, seu filho, seu próprio ser, em busca da iluminação – algo sobre o qual ele havia ouvido falar como apenas uma possibilidade, algo que já havia ocorrido com algumas pessoas que haviam procurado antes dele. Ele estava tão cheio de dúvidas quanto qualquer um de vocês, mas o momento da decisão havia chegado. Ele estava decidido a partir. Mas a mente humana, a natureza humana... Ele queria ver, apenas ver, o rosto de seu próprio filho. Mas tinha medo, pois, se puxasse o cobertor e sua mulher, Yashodhara, acordasse, ela iria perguntar: "O que você está fazendo no meio da noite em meu quarto? E você parece estar pronto para ir a algum lugar."

Ele estava prestes a partir e havia dito para seu cocheiro: "Aguarde um instante. Preciso ver seu rosto, pode ser que eu jamais retorne." Mas ele não pôde ver o rosto do bebê porque tinha medo, que Yashodhara acordasse, começasse a chorar, perguntasse para onde ele estava indo, o que estava fazendo, o que era essa renúncia e o que era a iluminação. Não é possível prever o que uma mulher fará – ela poderia acordar o palácio inteiro! Seu pai chegaria, e todo o seu plano iria por água abaixo. Então ele simplesmente fugiu.

Doze anos depois, quando já havia sido iluminado, a primeira coisa que fez foi voltar para seu palácio e pedir desculpas a seu pai, a sua mulher e a seu filho, que deveria estar com doze anos. Ele sabia que estariam zangados. Seu pai estava muito zangado – foi o primeiro a encontrá-lo e, durante meia hora, ficou gritando com Buda. Mas então percebeu que estava dizendo muitas coisas, mas seu filho permanecia ali, como uma estátua de mármore, como se nada o afetasse. O pai olhou para ele e o Buda Gautama disse: "Foi o caminho que escolhi. Seque suas lágrimas. Olhe para mim: não sou o mesmo garoto que deixou o palácio.

Seu filho morreu anos atrás. Posso me parecer com ele, mas minha consciência é outra. Basta me olhar."

O pai respondeu: "Estou vendo. Durante meia hora eu estive gritando com você, e isso prova que você mudou. Do contrário, eu sei quão temperamental você seria: não conseguiria permanecer nesse silêncio. O que aconteceu com você?"

Buda respondeu: "Já contarei. Mas antes deixe-me ver minha mulher e meu filho. Eles devem estar esperando, devem ter ouvido dizer que eu voltei."

E a primeira coisa que sua mulher lhe disse foi: "Posso ver que você se transformou. Esses doze anos foram um grande sofrimento, mas não porque você se foi. Sofri porque você nada me disse. Se houvesse simplesmente me dito que iria buscar a verdade, você acha que eu o teria impedido? Você me insultou profundamente. Essa é a ferida que eu tenho carregado durante doze anos. Também pertenço à casta dos guerreiros – você acha que sou assim tão frágil que teria chorado e gritado para tentar impedi-lo de partir?"

"Durante esses doze anos, sofri porque você não confiou em mim. Eu teria deixado você partir, teria lhe dado adeus, teria ido até a carroça. Primeiro eu queria lhe fazer a única pergunta que tem estado em minha mente durante todos esses doze anos, sobre o que quer que você tenha atingido – e você certamente parece ter atingido algo. Você não é mais a mesma pessoa que deixou este palácio. Você irradia uma luz diferente, sua presença é completamente nova e refrescante, seus olhos são tão puros e cristalinos quanto o céu sem nuvens. Você se tornou belo... sempre foi belo, mas essa beleza agora não parece vir desse mundo. Alguma graça vinda do além recaiu sobre você. Minha pergunta é, seja o que for que você tenha atingido, não poderia tê-lo feito aqui, neste palácio? O palácio é capaz de impedir a verdade?"

A pergunta era extremamente inteligente, e o Buda Gautama

teve que concordar: "Poderia ter ficado e atingido o que procurava aqui mesmo, mas não sabia disso naquela época. Agora posso afirmar que poderia ter ficado, que não precisava ter ido para as montanhas ou para qualquer outro lugar. Tinha apenas que mergulhar dentro de mim, e isso poderia ter acontecido em qualquer lugar. Este palácio é tão bom quanto qualquer outro lugar, mas posso dizer hoje que, naquele momento, eu ainda não sabia disso."

"Então você deve me perdoar, porque eu confiava em você e em sua coragem. Na verdade, estava em dúvida quanto a mim mesmo: se você acordasse e eu tivesse visto o bebê, poderia começar a pensar: *O que estou fazendo, deixando minha bela mulher, que me ama completamente, que se devota completamente a mim. Estou deixando também meu filho, com apenas um dia de vida... Se vou deixá-lo, por que eu o trouxe ao mundo? Estou fugindo de minhas responsabilidades."*

"Se meu velho pai houvesse acordado, teria sido impossível para mim. Então, não é que eu não confiasse em você, na verdade eu não confiava em mim. Sabia que havia uma hesitação, eu não estava completamente decidido quanto à minha renúncia. Uma parte de mim ficava dizendo: *O que você está fazendo?* E outra parte de mim dizia: *Está na hora de fazer o que deve ser feito. Se você não o fizer agora, ficará cada vez mais difícil. Seu pai está se preparando para coroá-lo. Uma vez que você seja coroado rei, será mais difícil."*

Yashodhara disse a ele: "Essa era a única pergunta que eu tinha a fazer, e estou imensamente feliz que você tenha sido absolutamente sincero ao dizer que poderia ter atingido o que procurava aqui ou em qualquer outro lugar. Agora vá falar com seu filho, que está esperando ali. É um garoto de doze anos que tem me perguntado continuamente por você, e eu tenho dito para ele: espere. Ele voltará. Não pode ser tão cruel, tão duro, tão desumano. Um dia ele virá. Talvez o que ele tenha ido buscar leve tempo. Quando ele tiver atingido seu objetivo, a primeira coisa que fará será voltar."

"Então seu filho está ali, e quero que me diga qual a herança que está deixando para seu filho. O que você tem para lhe dar? Você lhe deu a vida, e agora, o que mais?"

Buda não trazia nada consigo a não ser seu prato de esmolas, então chamou seu filho, cujo nome era Rahul. Chamou Rahul para junto de si e deu a ele o prato de esmolas, dizendo: "Não tenho nada. Essa é minha única posse. De agora em diante, terei que usar minhas mãos para pedir esmolas, para pedir comida. Ao lhe dar esse prato, estou iniciando-o no *sannyas*, na busca. Este é o único tesouro que encontrei, e gostaria que você o encontrasse também."

Então ele disse a Yashodhara: "Você tem que estar pronta para tornar-se parte de minha comunidade de *sannyasins*", e iniciou sua mulher. Seu pai tinha chegado e estava observando a cena. Ele disse ao Buda: "Por que, então, você está me deixando de fora? Você não quer compartilhar o que encontrou com seu velho pai? Em breve irei morrer... inicie-me também."

Buda disse: "Na verdade eu vim para levar todos vocês comigo, pois encontrei um reino muito maior, um reino que irá durar para sempre e que não pode ser conquistado. Vim aqui para que vocês pudessem sentir aquilo que atingi e para que pudesse convencê-los a serem meus companheiros de viagem."

34

RAIVA

Da próxima vez que sentir raiva, corra em torno de sua casa sete vezes, depois sente-se sob uma árvore e observe para onde foi a raiva. Você não a reprimiu, você não a controlou, você não a jogou sobre outra pessoa...

A raiva é apenas um vômito mental. Não há necessidade de jogá-la sobre outra pessoa. Corra um pouco, ou pegue uma almofada e bata nela até que suas mãos e dentes estejam relaxados.

Na transformação você nunca tem controle, apenas se torna mais perceptivo. A raiva acontece, é um belo fenômeno, é como a eletricidade entre as nuvens...

O MONGE DESTEMPERADO

Um iniciante no zen veio até Bankei e disse: "Mestre, tenho um temperamento incontrolável. Como posso me curar disso?"

"Mostre-me esse temperamento", disse Bankei, "pois ele me soa fascinante."

"Não estou destemperado agora", respondeu o estudante, "então não posso mostrá-lo a você."

"Está bem", disse Bankei, "traga-o até mim quando o tiver."

"Mas não posso trazê-lo quando o tiver, é algo que surge inesperadamente, e eu já o terei perdido antes de chegar até você."

"Neste caso", disse Bankei, "isso não pode ser parte de sua verdadeira natureza. Se fosse, você poderia mostrá-lo a mim a qualquer momento. Quando você nasceu, não tinha esse temperamento, então é algo que deve ter vindo de fora. Sugiro que, sempre que ele entrar em você, você se bata com uma vara até que o temperamento descontrolado saia correndo."

Mesmo quando a raiva está acontecendo, se você subitamente se tornar consciente, ela irá parar. Experimente! No meio de tudo, quando seu sangue estiver fervendo e desejar matar alguém, neste exato momento torne-se consciente e verá que alguma coisa mudou: você irá sentir uma pequena engrenagem dentro "encaixando", seu ser estará relaxado. A cooperação foi quebrada... você não se sente mais identificado.

O corpo ainda levará algum tempo para repousar, mas no fundo, no centro, tudo terá esfriado.

O que é necessário é percepção, não condenação. E através da percepção, a transformação acontece espontaneamente. Se você perceber sua raiva, a compreensão penetrará em você. Apenas observar, sem julgamento, sem dizer "bom" ou "mau", apenas observe seu céu interior. Há relâmpagos, há raiva, você sente o sangue ferver, o sistema nervoso se agita, você sente o tremor percorrendo seu corpo – é um belo momento porque, quando a energia funciona, você pode observá-la com clareza, mas, quando não está funcionando, não é possível observá-la.

Feche os olhos e medite sobre isso. Não lute, apenas olhe para o que está acontecendo. Todo o céu cheio de eletricidade, relâmpagos, tanta beleza. Deite-se no chão, olhe para o céu, observe. Então faça o mesmo dentro de você.

Alguém o insultou, alguém riu de você, alguém disse alguma coisa – muitas nuvens negras e no céu interior relâmpagos. Observe! É uma bela cena, mas também é terrível, porque você não a compreende. É misteriosa e, se o mistério não é compreendido, ele se torna terrível, você tem medo dele. E sempre que um mistério é entendido, torna-se uma graça, um presente, porque agora você tem as chaves e, com as chaves, você se torna mestre.

35

O DOMÍNIO DOS HUMORES

Pensar "eu sou a mente" é ser não-perceptivo. Saber que a mente é apenas um mecanismo, assim como o corpo, é saber que a mente é algo à parte... A noite chega, a manhã chega: você não se identifica com a noite. Você não diz "eu sou noite", não diz "eu sou manhã". A noite vem, a manhã vem e mais uma vez a noite retorna: a roda gira sem parar, mas você permanece alerta, sabendo que não é nenhuma dessas coisas. O mesmo ocorre com a mente. A raiva vem, mas você se esquece: você se torna a raiva. A ganância vem, você se esquece e se torna a ganância. O ódio vem, você se esquece e se torna ódio. Isso é ser não-perceptivo.

A percepção é poder observar que a mente está cheia de ganância, cheia de raiva, cheia de ódio ou cheia de desejo, mas você é simplesmente um observador. Então você poderá ver a ganância surgir, se tornar uma grande nuvem cinza e depois se dispersar, e ainda assim você permanece intocado. Durante quanto tempo isso pode durar? Sua raiva é momentânea, sua ganância é momentânea, seu desejo é momentâneo. Apenas observe um pouco e você ficará surpreso: são coisas que vêm e vão. E você continua não sendo afetado, calmo, tranqüilo.

O SEGREDO DO ANEL

A coisa mais básica que deve ser lembrada é que, quando você está se sentindo bem, em um estado de êxtase, não deve começar a pensar que esse será seu estado permanente. Viva o momento de forma tão feliz e alegre quanto possível, sabendo perfeitamente bem que ele veio e que irá passar, assim como uma brisa entra em sua casa, com toda sua fragrância e frescor, e sai pela outra porta.

Essa é a coisa mais fundamental. Se você começar a pensar em como fazer com que seus momentos de êxtase se tornem permanentes, você já começou a destruí-los. Quando eles vierem, seja grato. Quando forem, seja grato à existência. Permaneça aberto. Ocorrerá muitas vezes: não faça julgamentos, não selecione. Permaneça neutro, sem escolhas.

Claro que haverá momentos em que você se sentirá miserável. E daí? Há pessoas que são realmente miseráveis e não possuem um momento sequer de êxtase. Você tem sorte. Mesmo em sua miséria, lembre-se de que nada será permanente. Ela também passará, não se preocupe muito com ela. Fique tranqüilo. Assim como há o dia e a noite, há momentos de alegria e momentos de tristeza. Aceite-os como parte da dualidade da natureza humana, como parte da forma de ser própria das coisas.

E você é simplesmente um observador: não se torna a felicidade nem se torna a miséria. A felicidade vem e vai, a miséria vem e vai. Uma coisa continua sempre presente: aquele que observa, o que testemunha. Aos poucos, lentamente, centre-se mais e mais no observador. Dias e noites virão, vidas e mortes virão, sucesso e fracasso virão. Mas, se você estiver centrado no observador, porque essa é a única realidade em você, então todo o resto será feito de fenômenos passageiros.

Durante um único instante, tente sentir o que estou dizendo: apenas seja um observador. Não abrace nenhum momento porque ele é bonito e não afaste nenhum momento porque ele é miserável. Pare de fazer isso. Você tem feito isso durante muitas vidas. Não teve sucesso até agora e jamais terá sucesso dessa forma.

A única forma de ir além, de permanecer além, é encontrar um lugar a partir do qual você possa observar todos esses fenômenos mutáveis sem se sentir identificado com eles.

Irei contar uma antiga história dos sufis.

Um rei perguntou aos sábios da corte: "Estou fazendo um belíssimo anel para mim. Tenho um dos melhores diamantes existentes. Gostaria de guardar, escondida dentro do anel, uma mensagem que possa me ser útil em um momento de completo desespero. É preciso que seja pequena, para que possa ser escondida sob o diamante no anel."

Eram todos sábios, todos grandes eruditos. Poderiam escrever grandes tratados. Mas dar ao rei uma mensagem com apenas duas ou três palavras que pudesse ajudá-lo em momentos de completo desespero... Eles pensaram, procuraram em seus livros, mas não conseguiram encontrar nada.

O rei tinha um antigo serviçal que era quase como seu pai, pois já tinha servido também a seu pai. A mãe do rei morreu cedo e este serviçal tomou conta dele, de forma que não era tratado como um serviçal. O rei possuía imenso respeito por ele.

Este homem disse: "Não sou um sábio, erudito, conhecedor de muitos assuntos, mas sei qual é a mensagem, porque só há uma mensagem. E essas pessoas não poderão dá-la a você, só poderá ser dada por um místico, por um homem que tenha encontrado a realização completa."

"Durante minha longa vida dentro deste palácio eu encontrei todo tipo de pessoas e, uma vez, encontrei um místico. Ele era hóspede de seu pai e fui colocado a seu serviço. Quando ele estava partindo, como gesto de agradecimento por meus serviços, ele me deu esta mensagem" – então ele a escreveu em um pequeno pedaço de papel, dobrou-o e entregou ao rei. "Não a leia, mantenha a mensagem escondida no anel. Só leia esta mensagem quando tudo mais tiver falhado, quando não houver mais saída."

E essa hora chegou em breve. O país foi invadido e o rei perdeu seu reino. Ele estava fugindo em seu cavalo, tentando salvar sua vida, perseguido pelos inimigos. Estava sozinho, e eles eram muitos. Chegou a um ponto onde a estrada terminava, não havia saída, só um despenhadeiro. Cair dali seria o fim. Ele não podia voltar, o inimigo estava lá e ele podia ouvir o som dos cavalos se aproximando. Não podia avançar, não havia outra saída...

Então lembrou-se do anel. Ele o abriu, tirou o papel e havia uma mensagem de enorme valor, que dizia: "Isso também irá passar." Um grande silêncio recaiu sobre ele enquanto lia a frase: isso também irá passar. E passou.

Tudo passa, nada permanece eternamente nesse mundo. Os inimigos que o seguiam devem ter se perdido na floresta, devem ter tomado o caminho errado. Os cavalos se afastavam aos poucos, até que não era mais possível ouvi-los.

O rei ficou imensamente grato a seu serviçal e ao místico que ele não conhecera. Ele dobrou o papel, colocou-o no anel, reuniu seus exércitos e reconquistou seu reino. E quando voltou à capital, vitorioso, havia uma grande celebração em toda a cidade, com música e dança. Ele se sentia muito orgulhoso de si mesmo.

O velho serviçal estava caminhando ao lado de sua carruagem. Ele disse: "Essa também é uma boa hora: leia de novo a mensagem."

O rei perguntou: "O que você quer dizer? Sou vitorioso, o povo está celebrando, não estou desesperado, não estou em uma situação da qual não tenha uma saída."

O velho disse: "Ouça. Foi isto que o santo disse para mim: essa mensagem não é somente para os momentos de desespero, mas também para os de grande prazer. Não é apenas para quando você for derrotado, mas para quando você for vitorioso. Não apenas para quando for o último, mas para quando for o primeiro."

E o rei abriu o anel e leu a mensagem: "Isso também irá passar", e subitamente a mesma paz, o mesmo silêncio no meio da multidão que celebrava, alegre, dançando. Mas o orgulho, o ego não estavam mais presentes.

Tudo passa.

Ele pediu ao serviçal que se aproximasse mais da carruagem e se sentasse a seu lado. Perguntou: "Há mais alguma coisa? Tudo passa... Sua mensagem me ajudou imensamente."

O velho disse: "A terceira coisa que o santo disse foi: *lembre-se, tudo passa. Apenas você permanece. Você permanece sempre como testemunha.*"

Tudo passa, mas você permanece. Você é a realidade e tudo o mais é apenas um sonho. Há belos sonhos, pesadelos horríveis. Mas não importa se é sonho ou pesadelo, o que importa é aquele que está vendo o sonho. Aquele que vê é a única realidade.

36-37

OS PORTAIS DO INFERNO / OS PORTAIS DO PARAÍSO

Paraíso e Inferno não são locais geográficos, são psicológicos, são a sua psicologia. Paraíso e Inferno não se encontram no final de sua vida, estão aqui e agora. A cada momento os portões se abrem. A cada momento você está cambaleando entre o Paraíso e o Inferno. É uma questão que se coloca a cada momento, é urgente. Em um único momento você pode se mover do Inferno ao Paraíso, do Paraíso ao Inferno.

Ambos estão dentro de você. Os portões estão muito próximos um do outro: com a mão direita você pode abrir um deles, com a mão esquerda você pode abrir o outro. Com uma simples mudança de sua mente, seu ser se transforma – do Paraíso ao Inferno, do Inferno ao Paraíso. Sempre que você age inconscientemente, sem percepção, está no Inferno. Sempre que está consciente, sempre que age com completa percepção, está no Paraíso.

O ORGULHO DO SAMURAI

Um guerreiro veio ver o mestre zen Hakuin. Era um samurai, um grande guerreiro, e ele perguntou: "Há algum Inferno, algum Paraíso? Se há um Paraíso e um Inferno, onde estão os portais? Onde está a entrada? Como posso evitar o Inferno e escolher o Paraíso?" Ele era um simples guerreiro. Um guerreiro é sempre simples, do contrário não poderia ser um guerreiro. Um guerreiro conhece apenas duas coisas: a vida e a morte. Sua vida está sempre em jogo, ele está sempre apostando: é um homem simples. Não veio aprender uma doutrina, queria apenas saber onde estavam os portais para que pudesse evitar o Inferno e entrar no Paraíso.

Hakuin respondeu da única forma que um guerreiro poderia entender. O que fez Hakuin? Ele disse: "Quem é você?" E o guerreiro respondeu: "Eu sou um samurai." No Japão, ser um samurai é uma grande honra. Significa ser um guerreiro perfeito, um homem que não hesita um único momento em dar sua vida. Para ele, vida e morte são apenas um jogo.

Ele disse: "Sou um samurai. Sou o líder dos samurais, até mesmo o imperador me respeita."

Hakuin riu e disse: "Você, um samurai? Mais parece um mendigo."

A honra do samurai foi ferida, seu ego foi pisoteado. Ele se esqueceu do motivo de sua vinda, puxou a espada e estava prestes a matar Hakuin. Ele se esqueceu de que havia ido até esse mestre para perguntar onde estavam os portais do Paraíso e do Inferno. Hakuin riu e disse: "Esse é o portão do Inferno. Com essa espada, essa raiva, esse ego, assim se abre o portal." Isso é algo que um guerreiro pode entender, e ele compreendeu imediatamente: esse é o portal. Guardou sua espada.

E Hakuin disse: "Aí se abre o portal para o Paraíso."

Paraíso e Inferno estão em você, ambos os portais estão dentro de você. Quando você age inconscientemente, lá está o portal do Inferno. Quando você está alerta e consciente, lá está o portal do Paraíso. O que aconteceu a esse samurai? Quando ele estava prestes a matar Hakuin, ele estava consciente? Estava consciente do que estava prestes a fazer? Estava consciente daquilo que havia ido fazer? Toda a consciência havia desaparecido. Quando o ego toma o controle, você não pode se manter alerta. Você age, mas o ato vem do inconsciente, não de sua consciência. E, sempre que qualquer ato vem do inconsciente, o portal do Inferno se abre. Seja o que for que você faça, se não estiver consciente do que está fazendo, o portal do Inferno se abre. Imediatamente, o samurai ficou alerta.

OS PORTAIS DO PARAÍSO

Subitamente, quando Hakuin disse: "Aí está o portal, você já o abriu", a própria situação deve ter despertado a percepção do samurai.

Um único momento a mais e a cabeça de Hakuin teria sido cortada. E Hakuin disse: "Esse é o portal do Inferno." Não foi uma resposta filosófica, pois nenhum mestre responde em termos filosóficos. A filosofia existe apenas para as mentes medíocres e não-iluminadas. O mestre responde, mas a resposta não é verbal, ela é plena. O fato de que aquele homem poderia tê-lo matado não é o mais importante. "Se você me matar, e isso o tornar alerta, perceptivo, então vale a pena." Hakuin jogou com isso.

Eis o que deve ter acontecido com o guerreiro – parado, com a espada na mão, Hakuin à sua frente –, e havia riso nos olhos de Hakuin, seu rosto estava sorridente, e os portais do Paraíso se abriram. Ele entendeu: a espada retornou à bainha. Ao colocar a espada de volta, ele deve ter entrado em silêncio total, cheio de paz. A raiva havia desaparecido, a energia que se movia na raiva havia se tornado silêncio.

Se você subitamente se tornar perceptivo no meio da raiva, sentirá uma paz que nunca sentiu antes. A energia estava se movendo e, subitamente, pára. Você encontrará o silêncio, o silêncio imediato. Cairá em seu ser interior e a queda será tão repentina que você se tornará perceptivo. Não é uma queda lenta, é tão abrupta que você não pode deixar de se tornar perceptivo. Só é possível permanecer não-perceptivo com coisas rotineiras, com coisas graduais, quando você se move tão lentamente que não pode sentir o movimento. Isso foi um movimento súbito, passando da atividade para a não-atividade, do pensamento para o não-pensamento, da mente para a não-mente.

Enquanto recolocava a espada em sua bainha, o guerreiro compreendeu. E Hakuin disse: "Aqui se abrem as portas do Paraíso." O silêncio é a porta. A paz interior é a porta. A não-violência é a porta. O amor e a compaixão são as portas.

38

TRANSMUTAÇÃO

A dor é natural. Precisa ser entendida, aceita. É claro que, naturalmente, temos medo da dor e tentamos evitá-la. Por isso muitas pessoas têm evitado o coração e se fixam na mente, vivem na mente. O coração lhes traz dor, é verdade, mas apenas porque ele também pode trazer prazer – e é por isso que traz dor. A dor é a forma pela qual o prazer chega, e é através da agonia que o êxtase entra.

Ao tornar-se perceptivo, é possível aceitar a dor como uma bênção. Então a qualidade de sua dor começa a mudar, imediatamente. Você não se opõe mais a ela, e porque não se coloca mais em oposição, já não é mais dor: torna-se um amigo. É um fogo que irá purificá-lo. É uma transmutação, um processo, no qual o velho partirá e o novo chegará, no qual a mente desaparecerá e o coração funcionará em sua plenitude. Então a vida se torna uma bênção.

A MEDITAÇÃO DO CORAÇÃO DE ATISHA

Tente o seguinte método de Atisha e preste atenção, pois esse é um dos grandes métodos para meditação.

Quando inspirar, pense que está inspirando todas as misérias de todas as pessoas do mundo. Toda a escuridão, toda a negatividade, todo o Inferno que existe em toda parte, você está colocando tudo isso para dentro. E deixe que seja absorvido em seu coração.

Você pode ter lido ou ouvido falar sobre pessoas que propagam o "pensamento positivo" no Ocidente. Dizem justamente o oposto, mas não sabem o que estão dizendo. Eles dizem: "Quando você expirar, coloque para fora toda a sua miséria e negatividade. Ao inspirar, inspire a felicidade, a positividade, a alegria."

O método de Atisha é o oposto: quando você inspirar, inspire toda a miséria e sofrimento do mundo – passados, presentes e futuros. E, quando expirar, deixe sair toda a alegria, todas as bênçãos que tiver. Expire, derrame-se na existência. Esse é o método da compaixão: beba o sofrimento e derrame todas as bênçãos.

Você ficará surpreso ao fazer isso. No momento em que aceitar os sofrimentos do mundo dentro de si, não serão mais sofrimentos. O coração transforma a energia imediatamente. O coração é uma força de transformação: beba miséria, ela será transformada em contentamento... então devolva isso.

Quando você tiver aprendido que seu coração pode fazer essa mágica, esse milagre, você será capaz de fazê-lo sempre. Tente. É um dos métodos mais práticos: é simples e traz resultados imediatos. Faça isso hoje e veja.

Essa é uma das abordagens de Buda e de todos seus discípulos. Atisha é um de seus discípulos, segue a mesma tradição, a mesma linha. Buda dizia seguidamente para seus discípulos: "*Ihi passiko* – venham e vejam!" São pessoas científicas. O budismo é a religião mais científica do planeta e por isso o budismo está conquistando cada vez mais terreno no mundo. Conforme o mundo vai se tornando mais inteligente, Buda se torna cada vez mais importante. É assim que deve ser. Quanto maior o número de pessoas que se informam sobre a ciência, maior será o apelo de Buda. Ele convencerá a mente científica, porque ele diz: "Qualquer coisa que eu esteja dizendo pode ser colocada em prática." Não digo para você: "Acredite em mim." Eu digo: "Experimente isso e somente depois, se você sentir o mesmo, acredite no que digo. Do contrário, não é preciso acreditar."

Tente este belo método de compaixão: absorva toda a miséria e coloque para fora toda a alegria.

39

ENERGIA

Ou você transforma sua energia em algo criativo ou ela irá tornar-se ácida e destrutiva. Energia é uma coisa perigosa – se você tiver energia, tem que usá-la de forma criativa, pois, caso contrário, mais cedo ou mais tarde irá perceber que ela se tornou destrutiva. Então encontre algo, o que você preferir, em que seja possível jogar sua energia. Se quiser, pinte. Se preferir, dance ou cante, ou então toque um instrumento. Seja o que for que você queira, encontre uma forma através da qual você consiga se soltar completamente.

Se você conseguir se soltar tocando violão, bom! Nestes momentos em que estiver solto, sua energia será liberada de forma criativa. Se você não conseguir se soltar através da pintura, da dança, de um violão ou de uma flauta, então encontrará formas mais baixas de se soltar: ira, raiva, agressão.

O HOMEM COM UMA COROA DE FLORES

O Buda Gautama iniciou um assassino no *sannyas* – e esse não era um assassino comum. Rudolf Hess não é nada comparado a ele. Seu nome era Angulimal. Angulimal significa um homem que usa uma coroa de dedos humanos.

Ele havia feito um voto de que mataria mil pessoas. De cada pessoa que matasse, pegaria um dedo para que lembrasse quantos já havia matado, e ele faria uma coroa com todos esses dedos. Em sua coroa ele já tinha 999 dedos, faltava apenas mais um. E lhe faltava esse último dedo porque a estrada em que se encontrava estava fechada, então ninguém passava por lá. Mas o Buda Gautama tomou a estrada fechada. O rei havia posto guardas para que ninguém seguisse esse caminho, sobretudo estrangeiros que não sabiam que havia um homem perigoso morando do outro lado das colinas. Os guardas disseram ao Buda que ele não deveria passar por aquela estrada, pois era o local onde Angulimal vivia, e nem mesmo o rei tinha coragem de se aventurar por aquela estrada, pois o homem era completamente louco.

Disseram ao Buda que a mãe de Angulimal costumava ir vê-lo. Ela era a única pessoa que ia vê-lo de vez em quando, mas mesmo ela havia parado. Da última vez em que ela tinha ido lá, ele disse a ela: "Agora preciso de apenas um último dedo, e só porque você é minha mãe... Desejo avisá-la que, se você voltar mais uma vez, não irá retornar. Preciso desesperadamente desse último dedo. Até agora não matei você porque havia outras pessoas à disposição, mas agora ninguém mais passa por essa estrada a não ser você. Então quero avisá-la de que, se vier mais uma vez, você será responsável, e não eu." E desde então a mãe não havia voltado. Os guardas disseram a Buda que ele não deveria correr esse risco desnecessário.

E o que Buda respondeu a eles? Buda disse: "Se eu não for, quem irá? Só há duas opções possíveis: ou serei capaz de transformá-lo – e não posso deixar passar esse desafio –, ou então darei a ele o último dedo que deseja, de forma que seu desejo seja satisfeito. Dar minha cabeça a Angulimal pelo menos terá alguma utilidade. Do contrário, algum dia irei morrer e vocês me colocarão na pira funerária. Creio que é melhor realizar o desejo de alguém e dar a ele paz interior. Então ele me matará ou eu o matarei, mas esse encontro precisa acontecer: levem-me até lá."

As pessoas que costumavam seguir o Buda Gautama, seus companheiros mais próximos, que em geral competiam para ficar mais perto dele, começaram a reduzir o ritmo. Em breve havia algumas milhas entre Buda e seus discípulos. Todos queriam ver o que iria acontecer, mas não queriam chegar perto demais.

Angulimal estava sentado em uma pedra observando. Ele não podia acreditar no que viu. Um belo homem com enorme carisma estava indo em sua direção. Quem poderia ser esse homem? Ele nunca ouvira falar no Buda Gautama, mas mesmo o coração duro de Angulimal começou a sentir uma certa ternura por ele. Era tão bonito, e estava indo em sua direção. Era cedo pela manhã, havia uma brisa leve, o sol estava se levantando... Pássaros cantavam e as colinas estavam floridas. Buda continuava a se aproximar.

Finalmente, Angulimal, segurando a espada em suas mãos, disse: "Pare!" O Buda Gautama estava apenas a alguns metros, e Angulimal disse: "Não dê nem mais um passo, do contrário não me responsabilizarei por meus atos. Talvez você não saiba quem eu sou!"

Buda disse: "Você sabe quem você é?"

Angulimal disse: "Não é isso que está em questão. E esse não é o local nem a hora para discutir esse tipo de coisas. Sua vida está em perigo!"

Buda disse: "Eu penso de outra forma – a sua vida está em perigo."

O homem disse: "Costumava pensar que eu era maluco, mas na verdade o maluco é você. E você continua se aproximando. Então não diga que matei um homem inocente. Você parece tão inocente e belo que gostaria que você voltasse. Encontrarei outra pessoa. Posso esperar, não há pressa. Se já lidei com 999, é apenas uma questão de tempo até encontrar mais um, mas não me force a matá-lo."

Buda chegou muito perto, e as mãos de Angulimal tremiam. Ele era tão belo, tão inocente, parecia-se com uma criança. Ele já estava apaixonado. Tinha matado tantas pessoas e nunca sentira essa fraqueza. Nunca havia compreendido o que era o amor. Pela primeira vez estava cheio de amor. Então havia uma contradição: a mão segurava a espada para matar a pessoa, mas o coração dizia: "Guarde a espada."

Buda disse: "Estou pronto, mas por que sua mão está tremendo? Você é um grande guerreiro, até o rei tem medo de você, e eu sou um pobre mendicante. Não tenho nada a não ser meu prato de esmolas. Você pode me matar, eu ficarei imensamente satisfeito que pelo menos minha morte irá realizar os desejos de alguém. Minha vida terá sido útil, minha morte também terá sido útil. Mas, antes que você corte minha cabeça, tenho um pequeno desejo e acho que você me concederá esse desejo antes de me matar."

Perante a morte, mesmo o mais duro inimigo está disposto a conceder um último desejo. Angulimal disse então: "O que você quer?"

Buda disse: "Quero que você corte da árvore um galho que esteja cheio de flores. Nunca mais verei essas flores, então quero vê-las bem de perto, sentir seu perfume e sua beleza nesse sol da manhã, em toda a sua glória."

Então Angulimal cortou com a espada um galho inteiro cheio de flores. Antes que pudesse entregá-lo, Buda disse: "Isso era apenas metade do desejo. A outra metade é, por favor, coloque o galho de volta na árvore."

Angulimal disse: "Desde o início achei que você era maluco. Este é o desejo mais maluco que já ouvi. Como posso colocar esse galho de volta?"

Buda disse: "Se você não pode criar, não tem o direito de destruir. Se não pode dar vida, não tem o direito de matar algo que vive."

Houve um momento de silêncio e transformação... A espada caiu de suas mãos. Angulimal se jogou aos pés do Buda Gautama e disse: "Não sei quem você é, mas, seja quem for, leve-me para o mesmo espaço em que você está. Me inicie."

A essa altura os seguidores de Buda já haviam chegado cada vez mais perto. Estavam à sua volta e, quando ele se jogou aos pés de Buda, se aproximaram imediatamente. Alguém disse: "Não inicie esse homem, ele é um assassino!"

Buda disse mais uma vez: "Se eu não o iniciar, quem o fará? E eu amo esse homem. Amo sua coragem. E posso ver uma enorme potencialidade nele: um único homem, lutando contra o mundo inteiro. É esse tipo de pessoa que procuro, alguém que possa se levantar contra o mundo. Até agora ele enfrentou o mundo com uma espada, agora irá enfrentar o mundo com uma consciência, o que é muito mais afiado que qualquer espada. Eu disse a vocês que um assassinato iria ocorrer, mas não estava claro quem seria assassinado – eu ou Angulimal. Agora vocês podem ver que Angulimal foi assassinado. E quem sou eu para julgar?"

40

UNIDADE

Nenhum homem é uma ilha, somos todos parte de um vasto continente. Há diferenças, mas isso não nos isola. A diferença torna a vida mais rica, pois uma parte de nós está no Himalaia, parte nas estrelas, parte nas rosas. Uma parte de nós está no pássaro que voa, uma parte está no verde das árvores. Estamos espalhados em toda parte. Experimentar isso como a realidade irá transformar toda a sua abordagem em relação à vida, irá transformar cada um de seus atos, irá transformar seu próprio ser.

"BASTA UMA AGULHA COMUM..."

Conta-se que, na vida de um grande místico sufi chamado Farid, um rei foi visitá-lo. Ele havia levado um presente para ele, uma bela tesoura, feita de ouro e diamantes – muito valiosa, muito cara. Farid pegou-a, olhou-a e devolveu-a ao rei, dizendo: "Senhor, agradeço profundamente o presente que você me trouxe. É lindo, mas absolutamente sem uso para mim. Seria melhor se você pudesse me dar uma agulha. Não preciso de tesoura, uma agulha seria melhor."

O rei disse: "Não entendo. Se você precisa de uma agulha, também precisa de uma tesoura."

Farid respondeu: "É uma metáfora. Não preciso da tesoura porque ela serve para cortar e separar coisas. Uma agulha é o que eu preciso, porque uma agulha junta as coisas. Eu ensino o amor. Todos os meus ensinamentos são baseados no amor: como colocar as coisas juntas, como atingir uma comunhão. Preciso de uma agulha para que possa unir as pessoas. As tesouras são inúteis, elas cortam, elas separam. Da próxima vez que vier, basta trazer uma agulha comum."

A lógica é como uma tesoura: ela corta, divide as coisas. A mente é uma espécie de prisma: passe um raio de luz branca por ela e imediatamente será dividido em sete cores. Passe qualquer coisa pela mente e você terá uma dualidade. A vida e a morte não são a vida-e-a-morte, a realidade é *vidamorte*. Deveria ser uma única palavra, não duas, e nem mesmo ter um hífen entre elas. Vidamorte é um fenômeno. Amoródio é um fenômeno. Escuridãoluz é um fenômeno. Negativopositivo é um fenômeno. No entanto, ao passar este fenômeno único através da mente, aquilo que é uno é imediatamente dividido em dois. Vidamorte se torna vida e morte, não apenas são divididas, mas a morte se torna antagônica à vida. São inimigas. Agora você pode ficar tentando fazer com que as duas se encontrem, mas nunca vão se encontrar.

Kipling está certo: "O Oriente é o Oriente e o Ocidente é o Ocidente e nunca os dois irão se encontrar." Em termos lógicos, é verdade. Como o Oriente pode encontrar o Ocidente? Como o Ocidente pode encontrar o Oriente? Mas, existencialmente, não faz o menor sentido. Eles se encontram o tempo todo. Por exemplo, se você está sentado na Índia: é Oriente ou Ocidente? Se estiver comparando com Londres, será Oriente. Mas se estiver comparando com Tóquio, será Ocidente. Então o que são, exatamente, Oriente e Ocidente? Em cada ponto os dois se encontram, e ainda assim Kipling diz: "nunca os dois irão se encontrar". Mas os dois estão se encontrando o tempo todo. Não há um único ponto onde não haja ao mesmo tempo Ocidente e Oriente e não há um único homem no qual estes não se encontrem. Não pode ser de outra forma: eles têm que se encontrar – há apenas uma realidade, um único céu.

41

FRACASSO

Quando é manhã, é manhã. Quando é tarde, é tarde. Não é possível escolher. Deixe de lado a escolha e você estará livre em toda parte. A liberdade só pode vir da não-escolha. Então quando você for jovem, isso é bonito; quando for uma criança, isso é bonito; quando for velho, isso é bonito; quando estiver morrendo, isso é bonito – porque você nunca se separa do todo, você é apenas uma onda no oceano.

A onda no oceano pode começar a pensar em si mesma como um indivíduo, mas então estará com problemas. A onda no oceano nunca se pensa como algo em separado. Então, aonde quer que o oceano a leve, ela irá de boa vontade, alegremente, movendo-se em um bailado naquela direção.

REVELANDO O SEGREDO DO VERDADEIRO SUCESSO

Uma canção de Kabir, o místico:

Falo com meu amor interior e digo, por que tanta pressa? Sentimos que há algum tipo de espírito que ama os pássaros, os animais e as formigas – talvez o mesmo que deu a você uma centelha no útero de sua mãe. Você acha lógico estar andando inteiramente órfão agora? A verdade é que você mesmo se afastou e decidiu ir sozinho para a escuridão. Agora está emaranhado em outros e esqueceu o que um dia já soube, e é por isso que tudo que você faz tem em si algum tipo de falha.

As coisas acontecem quando é necessário que aconteçam. As coisas estão destinadas a acontecer no momento necessário. Tudo está indo bem, apenas tenha confiança. Lembre-se da diferença. O teólogo dirá: "Acredite no conceito de Deus." O místico diz que não é preciso acreditar no conceito de Deus, apenas perceber a harmonia na existência. Não é um conceito, não é uma crença, é possível senti-lo, está em toda parte. É quase tangível.

No momento em que você acredita ser um com o todo, há um relaxamento, subitamente há um fluir. Você não precisa se controlar, você pode relaxar. Não é preciso ficar tenso, porque não há nenhum objetivo pessoal a ser atingido por você. Você flui com Deus. O objetivo de Deus é o seu objetivo, o destino dele é o seu. Você não possui um destino privado, é esse destino privado que traz problemas.

Você nunca viu isso em sua própria vida? Tudo aquilo que você faz resulta em fracasso. Você ainda não conseguiu entender o que está acontecendo – você acredita que não fez as coisas da forma correta e por isso fracassou. Então tenta um outro projeto e fracassa novamente. Nessa hora você pensa que suas habilidades não são boas o bastante e parte para aumentar suas habilidades, mas irá fracassar de novo. Então você pensa: "O mundo inteiro está contra mim", "O destino está contra mim", ou ainda "Sou uma vítima da inveja dos outros". Você continuará encontrando explicações para seus fracassos, mas nunca irá compreender os motivos reais.

Kabir diz: o fracasso significa você-menos-Deus. Foi o que Kabir compreendeu. O fracasso é igual a você-menos-Deus, e o sucesso é igual a você-mais-Deus. O sucesso está dentro de Deus e com Deus. E, lembre-se, quando digo "Deus" não estou falando de uma pessoa sentada em algum Paraíso, mas do espírito cósmico, do Tao, da lei que permeia toda a existência. A lei a partir da qual você nasceu e para a qual um dia irá retornar.

42

PREOCUPAÇÃO

Você já notou uma coisa? O presente é sempre saboroso, o presente é sempre cheio de contentamento. Preocupações e sofrimentos são causados seja por aquilo que você queria ter feito no passado mas não pôde, seja por aquilo que você quer fazer no futuro e não sabe se será ou não capaz de fazer. Você já reparou, já parou para pensar nessa pequena verdade – que não há sofrimento no presente, não há preocupações? É por isso que o presente não perturba a mente, é a ansiedade que perturba a mente. Não há sofrimento no presente. O presente não conhece o sofrimento, o presente é um momento tão pequeno que o sofrimento não pode caber nele. No presente só cabe o Paraíso, nunca o Inferno. O Inferno é grande demais! O presente só pode ser pacífico, só pode ser feliz.

A VELHA SENHORA E O ÔNIBUS

Ouvi dizer que uma velha senhora estava viajando em um ônibus, e ela estava ansiosa, preocupada e perguntava o tempo todo em que parada estavam.

O passageiro que havia se sentado ao seu lado dizia: "Relaxe, não se preocupe. O motorista irá avisar quando for a sua parada e, se você estiver muito preocupada, posso pedir que ele venha até aqui. Você pode dizer a ele quando deseja sair para que ele a avise. E então pode relaxar!"

Ele chamou o motorista e a senhora disse: "Por favor, lembre-se de que não quero passar de minha parada. Tenho que chegar com muita urgência."

O motorista respondeu: "Tudo bem, irei me lembrar. Mesmo que você não tivesse me pedido, eu continuaria avisando cada parada do ônibus. Mas prestarei atenção e virei pessoalmente avisá-la assim que sua parada chegar. Então relaxe e não se preocupe mais com isso."

Ela estava transpirando e tremendo e parecia muito tensa. Então disse: "Certo, lembre-se bem disso: tenho que saltar no ponto final."

Ora, se era o ponto final, por que ela estaria preocupada? Como poderia deixá-lo passar? Não é possível deixá-lo passar!

No momento em que você descansa, no momento em que relaxa, você sabe que a existência já está em movimento, buscando algo maior. E você é parte disso. Você não precisa ter ambições distintas. Isso é o relaxamento: descansar, deixar de lado todos os objetivos pessoais, deixar de lado a mente que deseja alcançar metas, todas as projeções do ego. E então a vida se torna um mistério. Seus olhos ficarão maravilhados, seu coração ficará admirado.

Nós não iremos nos tornar algo: nós já somos algo. Essa é a essência da mensagem daqueles que foram iluminados: que você não precisa alcançar nada, tudo já lhe foi dado. É o presente de Deus. Você já está onde deveria estar, não pode estar em nenhum outro lugar. Não há lugar algum a atingir, nada a ser realizado. E como não há lugar algum a atingir e nada a ser realizado, você pode celebrar. Então não há pressa, não há preocupação, não há ansiedade, nem angústia, nem medo de fracassar. Você não pode fracassar. Pela própria natureza das coisas é impossível fracassar, porque o sucesso nunca importou.

43

PENSAMENTO DESEJANTE

Aquele que pensa é criativo com seus pensamentos – esta é uma das verdades mais fundamentais a ser entendida. Tudo aquilo que você vivencia é sua criação. Primeiro você cria algo, depois você vivencia isso, em seguida está preso na experiência, porque não sabe que a fonte de tudo está em você.

A PARÁBOLA DA ÁRVORE DOS DESEJOS

Uma vez um homem estava viajando e, acidentalmente, entrou no Paraíso. No conceito indiano de Paraíso, há árvores que realizam desejos, as *kalpatarus*. Basta sentar-se sob elas, desejar qualquer coisa e imediatamente seu desejo é realizado. Não há qualquer espaço entre o desejo e a realização. Você pensa e imediatamente ele se torna algo concreto: o pensamento se realiza automaticamente. Essas *kalpatarus* nada mais são que uma simbologia para a mente. A mente é criativa, criativa com seus pensamentos.

O homem estava cansado, então ele adormeceu embaixo de uma árvore dos desejos. Quando acordou, sentiu fome, então disse: "Gostaria de poder encontrar comida em algum lugar." Imediatamente apareceu comida do nada, flutuando à sua frente, uma comida deliciosa. Ele começou a comer e, quando estava se sentindo satisfeito, pensou em outra coisa: "Se ao menos eu tivesse algo para beber..." E nada é proibido no Paraíso, então apareceu um vinho de sabor refinado à sua frente.

Bebendo o vinho, relaxando na brisa fresca do Paraíso, na sombra da árvore, ele começou a pensar: "O que está acontecendo? Fui parar dentro de um sonho ou há fantasmas aqui me pregando peças?" Então apareceram fantasmas! Eram ferozes e horríveis. Ele começou a tremer, e um pensamento surgiu em sua mente: "Tenho certeza de que vou morrer. Esses fantasmas vão me matar."

E ele foi morto.

Sua mente é uma árvore dos desejos: o que você imaginar será realizado mais cedo ou mais tarde. Algumas vezes a demora é tão longa que você já esqueceu completamente que havia desejado algo tempos atrás. Algumas vezes a demora é de alguns anos, ou de algumas vidas, então você não consegue perceber a fonte. No entanto, se você olhar bem fundo, irá descobrir que seus desejos estão criando você e sua vida. Eles criam seu Inferno, criam seu Paraíso. Criam sua miséria, criam sua felicidade. Criam o negativo e o positivo. Todos vocês são mágicos, girando e tecendo um mundo mágico em volta de si mesmos, e depois ficando presos nisso – a aranha presa na própria teia.

Uma vez que isso tenha sido compreendido, as coisas começam a mudar. Então você pode brincar: você pode transformar seu Inferno em um Paraíso, é apenas questão de desenhá-lo a partir de uma visão diferente. Ou, se você estiver realmente apaixonado pela infelicidade, pode criar mais e mais, até que seu coração esteja cheio dela. Mas então você nunca estará reclamando, porque você sabe que é sua criação, é seu desenho, você não pode fazer com que ninguém se sinta responsável por isso. Então toda a responsabilidade é sua.

Surge então uma nova possibilidade: você pode deixar de criar o mundo, pode parar com isso. Não é necessário criar o Paraíso e o Inferno, não há necessidade alguma de criar. Aquele que cria pode ir relaxar, repousar.

Esse repouso da mente é a meditação.

44

DESEJO

Quando você deseja algo, sua felicidade depende dessa coisa. Se ela é retirada de você, você se sente infeliz. Se for dada a você, você ficará feliz, mas apenas durante alguns momentos. Isso também tem que ser compreendido. Sempre que seu desejo é preenchido, ele o é apenas naquele momento em que você sente o prazer. É passageiro, porque assim que você obteve o que queria, sua mente novamente começa a desejar mais, desejar outras coisas. A mente existe no ato de desejar e, portanto, a mente nunca pode deixá-lo sem desejos. Se você não estiver desejando nada, a mente morre imediatamente. Essa é a essência da meditação.

O PRATO DE ESMOLAS MÁGICO

Um mendigo bate à porta do palácio do imperador de manhã bem cedo. O imperador estava saindo sozinho para passear por seu lindo jardim e não havia nenhum guarda com ele para impedir a aproximação do pedinte.

"O que deseja?", perguntou o imperador.

O pedinte disse: "Antes de pedir isso, pense duas vezes!"

O imperador nunca havia visto um homem tão valente. O imperador havia lutado em guerras, obtido vitórias, tornado claro que ninguém era mais poderoso que ele, mas, subitamente, esse pedinte virava e lhe dizia: "Pense duas vezes naquilo que está dizendo, porque você talvez não seja capaz de realizá-lo."

O imperador disse: "Não se preocupe, isso é problema meu. Apenas diga o que quer e será feito."

O pedinte disse: "Você vê meu prato de esmolas? Quero que seja preenchido! Não importa com o quê, basta que seja preenchido, ele deve ficar cheio. Você ainda tem tempo para dizer não, mas, se disser sim, estará correndo um risco."

O imperador riu. Era apenas o prato de um mendigo... E o mendigo pedia que ele tivesse cautela? Disse a seu primeiro-ministro que enchesse o prato com diamantes. O pedinte repetiu: "Pense duas vezes."

E logo se tornou claro que o mendigo estava certo, porque assim que os diamantes eram colocados em seu prato, eles simplesmente desapareciam. Os boatos se espalharam rapidamente pela região, e milhares de pessoas chegaram para ver o fenômeno. Quando todas as pedras preciosas haviam terminado, o imperador disse: "Tragam ouro e prata, tragam tudo! Todo o meu reino, toda a minha integridade está em jogo." Mas no final da tarde tudo havia desaparecido e sobraram apenas dois pedintes. Um deles era o imperador.

O imperador disse: "Antes que eu peça perdão por não ter ouvido seu aviso, me diga qual o segredo desse prato de esmolas."

O pedinte disse: "Não há segredo. Eu o poli, fiz com que se parecesse com um prato, mas é um crânio humano. Você pode colocar o que quiser aí dentro que irá desaparecer."

Esta história é significativa. Você já parou para pensar em seu próprio prato de esmolas? Tudo some: poder, prestígio, respeito, riquezas. Tudo isso some e seu prato de esmolas continua abrindo sua boca e pedindo mais. E esse "mais" o tira daqui. Esse desejo o retira desse momento.

Há apenas dois tipos de pessoas no mundo: a maioria corre atrás de sombras, e seus pratos de esmolas permanecerão vazios até que eles entrem em seus túmulos. Uma minoria muito pequena, uma pessoa em cada milhão, pára de correr, deixa de lado todos os desejos, não pede mais nada. E subitamente encontra tudo dentro de si.

45

VIVENDO PLENAMENTE

Aqueles que dizem estar esperando por uma oportunidade estão sendo enganosos, e não estão enganando mais ninguém a não ser eles mesmos. A oportunidade não irá surgir amanhã. Ela já chegou, sempre esteve presente. Esteve presente mesmo quando você não estava aqui. A existência é uma oportunidade; ser é a oportunidade.

Não diga: "Amanhã irei meditar, amanhã irei amar, amanhã irei ter uma relação radiante com a existência." Por que amanhã? O amanhã nunca chega. Por que não agora? Por que adiar? O adiamento é um truque da mente: faz com que você continue cheio de esperanças, e enquanto isso a oportunidade lhe está escapando. E, no final, você chegará ao derradeiro destino – a morte – e não haverá mais oportunidades à disposição. Isso já aconteceu muitas vezes no passado. Você não é novo aqui, você já nasceu e já morreu muitas vezes. E, a cada vez, a mente usou o mesmo truque, e você ainda não aprendeu nada.

ALEXANDRE O GRANDE ENCONTRA-SE COM DIÓGENES

Quando Alexandre o Grande estava indo para a Índia, ele encontrou um homem estranho, Diógenes. Era uma manhã de inverno, uma brisa refrescante soprava e Diógenes estava deitado à margem do rio, tomando um banho de sol, nu. Era um belo homem. Quando a alma é bela, há uma beleza que surge que não é desse mundo.

Ele não tinha nada, nem mesmo um prato de esmolas, porque um dia ele estava indo para o rio com seu prato de esmolas para beber água e viu um cachorro correndo para o rio. O cachorro pulou no rio e bebeu. Então Diógenes riu e pensou: "Esse cachorro me ensinou algo. Se ele pode viver sem um prato de esmolas, por que eu também não posso?" Então desfez-se de seu prato de esmolas e fez como o cachorro: pulou no rio e começou a beber. Desde então não teve mais nada.

Alexandre nunca tinha visto alguém tão gracioso, de tamanha beleza, algo que vinha de uma fonte desconhecida... Ele estava impressionado e disse: "Senhor..." – ele nunca havia dito "Senhor" para ninguém mais em sua vida –, "estou muito impressionado com o seu ser e gostaria de fazer algo por você. Há algo que eu possa fazer por você?"

Diógenes disse: "Apenas chegue um pouco para o lado porque você está tapando o sol. Só isso. Não preciso de mais nada."

Alexandre disse: "Se eu tiver outra chance de voltar à Terra, pedirei a Deus que, em vez de me fazer Alexandre de novo, me faça Diógenes."

Diógenes riu e disse: "Quem o impede de fazer isso agora? Você pode tornar-se um Diógenes. Para onde você está indo? Durante meses vi exércitos se movendo por toda parte. Para onde você está indo e por quê?"

Alexandre disse: "Estou indo para a Índia, para conquistar o mundo inteiro."

"E depois disso, o que você fará?", perguntou Diógenes.

E Alexandre disse: "Então irei descansar."

Diógenes riu novamente e disse: "Você está louco! Eu estou descansando agora e não conquistei o mundo. Não vejo qual a necessidade disso. Quem lhe disse que, antes de descansar, precisava conquistar o mundo? E lhe digo outra coisa: se você não descansar agora, você nunca o fará. Sempre haverá mais alguma coisa a ser conquistada, e o tempo passa rápido. Você irá morrer no meio de sua jornada. Todos morrem no meio da jornada."

E Alexandre morreu no meio: morreu no caminho, quando estava voltando da Índia. E nesse dia lembrou-se de Diógenes. Apenas Diógenes estava em sua mente – ele nunca pôde descansar em sua vida, e aquele homem descansou.

46

A BUSCA

Reúna toda sua coragem e mude tudo. Você continuará existindo, mas de uma forma tão nova que não conseguirá conectá-la com a antiga. Haverá uma descontinuidade. A velha era tão pequena, tão baixa, tão mesquinha, e a nova é tão vasta. A partir de uma gota de orvalho, você tornou-se um oceano.

Porém, mesmo a gota de orvalho caindo da folha de lótus treme por um instante, tenta se segurar um pouco mais, porque pode ver o oceano... Uma vez que tiver caído da folha de lótus, estará acabada. Sim, de certa forma não existirá mais, pelo menos não como gota de orvalho. Mas não será uma perda. Terá se tornado oceânica.

E todos os outros oceanos são limitados. Apenas o oceano da existência é ilimitado.

À PROCURA DA MORADA DE DEUS

Falei muitas vezes sobre um lindo poema de Rabindranath Tagore. O poeta está à procura de Deus durante milhões de vidas. Ele o viu algumas vezes, longe, ao lado de uma estrela, e começou a mover-se nessa direção, mas, quando chegou à estrela, Deus havia se deslocado para outro lugar. Ainda assim continuou a procurar – ele estava realmente determinado a encontrar a morada de Deus – e, para sua grande surpresa, um dia encontrou uma casa em cuja porta estava escrito: "Morada de Deus."

Você pode imaginar seu contentamento, seu êxtase. Subiu correndo os degraus e, na hora em que ia bater na porta, sua mão ficou paralisada. Pensou: "Se essa for mesmo a morada de Deus, então estou acabado, minha busca terminou. Me identifiquei com essa busca, não há nada mais que eu conheça. Se a porta abrir e eu estiver diante de Deus, a busca terá terminado. O que farei depois?"

Começou a tremer de medo, tirou os sapatos e desceu de volta os magníficos degraus de mármore. Seu medo era de que Deus abrisse a porta, mesmo sem que ele tivesse batido. Depois começou a correr o mais rápido que pôde. Achava que estivera correndo atrás de Deus o mais rápido possível, mas nesse dia correu ainda mais, e nunca olhou para trás.

O poema termina assim: "Estou em busca de Deus. Conheço sua morada, então evito passar por perto e procuro em todos os outros lugares. Há uma grande excitação, um grande desafio, e em minha busca continuo a existir. Deus é um perigo – eu seria aniquilado. Mas agora não tenho medo nem mais de Deus, pois sei onde ele mora. Então, deixando sua casa de lado, posso continuar procurando por ele em todo o Universo. Lá no fundo sei que não é Deus que eu busco. Minha busca serve para alimentar meu ego."

Geralmente não se associa Rabindranath Tagore com religião. Mas apenas um homem religioso extremamente experiente poderia ter escrito esse poema. Não é um poema qualquer, ele contém uma grande verdade.

Essa é a situação: o êxtase não permite que você exista, você tem que desaparecer. É por isso que você não vê muitas pessoas em êxtase pelo mundo. A infelicidade alimenta o seu ego, e é por isso que há tantas pessoas infelizes no mundo. O ponto central e básico é o ego.

Para atingir a verdade suprema, você precisa pagar o preço. E o preço nada mais é que se desfazer do ego. Então, quando você encontrar um momento assim, não hesite: desapareça, dançando. Com uma grande risada, desapareça. Com canções em sua boca, desapareça.

47

ESPERANÇA

A alegria do amor só é possível se você tiver conhecido a alegria de estar sozinho, porque somente então você terá algo para compartilhar. De outra forma, serão dois mendigos se encontrando, agarrando-se um ao outro, mas não poderão obter o êxtase. Criarão infelicidade para ambos, porque cada um irá esperar, e esperar em vão, que o outro o preencha. O outro está esperando a mesma coisa. Não podem se completar. Ambos estão cegos, não podem ajudar um ao outro.

PERDIDO NA FLORESTA

Ouvi falar de um caçador que se perdeu na floresta. Durante três dias não encontrou ninguém a quem pudesse perguntar qual o caminho para sair dali, e estava entrando em pânico – três dias sem comida e três dias constantemente com medo dos animais selvagens. Durante três dias não conseguiu dormir: ficou sentado em alguma árvore, acordado, com medo de ser atacado. Havia cobras, leões e outros animais selvagens.

No quarto dia, cedo pela manhã, viu um homem sentado sob uma árvore. Saiu correndo e abraçou o homem, dizendo: "Que alegria!" E o outro homem o abraçou, e ambos estavam muito felizes. Então perguntaram um ao outro: "Por que você está tão feliz?" O primeiro disse: "Estava perdido e estava tentando encontrar alguém." O outro respondeu: "Também estou perdido e estou esperando encontrar alguém. Mas se nós dois estamos perdidos, nossa felicidade é pura tolice. Então agora estamos perdidos juntos."

É isso que acontece: você está sozinho, a outra pessoa está sozinha. Então vocês se encontram. Primeiro há a lua-de-mel, o êxtase do encontro, o êxtase por não estarem mais sozinhos. Mas dentro de três dias ou, se você for inteligente o bastante, dentro de três horas... depende de quão inteligente você for. Se for tolo, irá levar mais tempo porque pessoas tolas são aquelas que não aprendem. Caso contrário, uma pessoa inteligente pode perceber em três minutos... "O que estamos tentando fazer? Não vai funcionar. Essa outra pessoa está tão sozinha quanto eu. Agora iremos viver juntos, serão duas solidões juntas. Juntar duas feridas não faz com que elas se curem."

Cada um de nós é parte dos outros, nenhum homem é uma ilha. Pertencemos a um continente invisível porém infinito. Nossa existência não possui limites.

Contudo, essas experiências só são vividas pelas pessoas que estão se aperfeiçoando, que estão em um estado de amor tão grande consigo mesmas que podem fechar os olhos, ficar sozinhas e ainda assim em êxtase absoluto. Essa é a essência da meditação.

Meditação significa estar em êxtase dentro de sua solidão. Mas, quando você encontra o êxtase em sua solidão, logo esse êxtase se torna tão grande que você não pode contê-lo. Começa a transbordar de você. E quando começa a transbordar, torna-se amor. A meditação permite que o amor surja. E as pessoas que não conheceram a meditação jamais conhecerão o amor. Podem fingir que amam, mas não podem amar de fato. Apenas fingem, porque não têm nada para dar, não estão transbordantes.

Amar é compartilhar. Mas antes que você possa compartilhar, você precisa ter algo para dar. A meditação deveria ser a primeira coisa. A meditação é o centro, o amor é a circunferência em torno dela. A meditação é a flor, o amor é o perfume.

48

DESAFIO

Infelicidade significa que as coisas não estão de acordo com seus desejos. E as coisas nunca estão de acordo com seus desejos, elas não podem estar. As coisas apenas vão seguindo sua natureza.

Lao Tsé chama essa natureza de Tao. O Buda chama essa natureza de Dhamma. Mahavir definiu a religião como "a natureza das coisas". Nada pode ser feito. O fogo é quente e a água é fresca. Um homem sábio é aquele que relaxa em relação à natureza das coisas, aquele que segue a natureza das coisas.

E quando você segue a natureza das coisas, não há sombras a seu redor. Não há infelicidade. Mesmo a tristeza é luminosa nesse caso, mesmo a tristeza é bela. Não digo que não haverá tristeza: ela virá, mas não será sua inimiga. Você se tornará amigo dela, porque verá sua necessidade. Você será capaz de ver sua graça e será capaz de ver por que está lá e por que é necessária.

A PARÁBOLA DO FAZENDEIRO E DO TRIGO

Me contaram uma antiga parábola – deve ser bem antiga, porque Deus vivia na Terra nessa época. Um dia um homem foi até ele, um velho fazendeiro, e disse: "Olhe, você pode ser Deus e pode ter criado o mundo, mas devo lhe dizer uma coisa: você não é um fazendeiro. Você nem sabe o básico sobre fazendas. Você deveria aprender algo."

Deus disse: "Qual o seu conselho?"

O fazendeiro respondeu: "Me dê um ano, me deixe fazer as coisas do meu jeito e você verá o que vai acontecer. Não haverá mais pobreza!"

Deus estava disposto a tentar e deu um ano para o fazendeiro. Naturalmente, este pediu apenas o melhor, só pensou no melhor: sem trovões, sem fortes ventanias, sem perigos para as plantações. Tudo era muito confortável, acolhedor, e ele estava muito feliz. O trigo estava crescendo muito! Quando ele queria sol, havia sol. Quando queria chuva, havia chuva, e tanta chuva quanto ele achasse necessário. Nesse ano tudo esteve correto, matematicamente correto.

Mas, quando a colheita foi feita, não havia grãos de trigo dentro. O fazendeiro ficou surpreso e perguntou a Deus o que havia acontecido, o que havia saído errado.

Deus disse: "Como não houve dificuldades nem conflitos, nenhum atrito, como você evitou tudo aquilo que podia ser ruim, o trigo se tornou impotente. É necessário que haja alguma dificuldade. As tempestades, os trovões, os raios, todos eles são necessários. Eles fazem com que a alma do trigo se mobilize."

Se você está apenas feliz, feliz e feliz, a felicidade irá perder todo o seu sentido. Será como alguém que escreve com giz branco sobre uma parede branca. Ninguém será capaz de ler o que foi escrito. É preciso escrever em um quadro-negro para que as coisas se tornem claras. A noite é tão necessária quanto o dia. E os dias de tristeza são tão essenciais quanto os de alegria.

Chamo isso de compreensão. Uma vez que você tenha entendido isso, pode relaxar: nesse relaxamento estará a entrega. Você dirá: "Seja feita a vossa vontade." Você dirá: "Faça o que achar mais correto. Se hoje forem necessárias nuvens, que venham nuvens. Não me ouça, minha compreensão é limitada. O que sei sobre a vida e seus segredos? Não me ouça! Continue agindo de acordo com a sua vontade."

Então, lentamente, quanto mais você perceber o ritmo da vida, o ritmo da dualidade, o ritmo da polaridade, mais irá parar de pedir, de escolher.

Esse é o segredo. Viva com este segredo e veja a beleza. Viva com este segredo e subitamente você será surpreendido: como é grande a bênção da vida! Quanto é despejado sobre você a cada momento!

49

AMOR

A semente nunca está em perigo, lembre-se disso. Que perigo haveria para a semente? Ela está completamente protegida. Mas a planta está sempre em perigo, a planta é muito delicada. A semente é como uma rocha, dura, protegida por uma crosta grossa. Mas a planta precisa enfrentar mil e um perigos. E nem todas as plantas atingirão o estágio em que poderão florescer em mil e uma flores...

Poucos seres humanos atingem o segundo estágio e, desses, muito poucos atingem o terceiro, o estágio da flor. Por que não podem atingir o estágio da flor? Por causa da ganância, por causa da miséria, não estão prontos para dividir... Por causa de um estado em que há falta de amor. É necessário coragem para tornar-se uma planta, e é necessário amor para tornar-se uma flor.

Uma flor significa que a árvore está abrindo seu coração, liberando seu perfume, oferecendo sua alma, vertendo seu ser na existência. Não continue sendo apenas uma semente. Reúna coragem: coragem para deixar para trás o ego, coragem para deixar para trás sua segurança, coragem para se tornar vulnerável.

O DESAFIO DO REI A SEUS TRÊS FILHOS

Um grande rei tinha três filhos e queria escolher um para seu herdeiro. Era muito difícil, porque os três eram muito inteligentes, muito corajosos. Qual deles escolher? Então perguntou a um grande sábio, e o sábio sugeriu uma coisa...

O rei foi para casa e pediu que os três filhos se reunissem. Deu a cada um deles um saco de sementes de flores e disse a eles que estava partindo em uma peregrinação. "Levará alguns anos, talvez dois ou três, talvez até mais. Este é um teste para vocês. Vocês terão que devolver essas sementes quando eu voltar. Aquele que as proteger melhor será meu herdeiro." E partiu.

O primeiro filho trancou as sementes em um cofre de ferro, pois quando o pai voltasse poderia devolvê-las no mesmo estado.

O segundo filho pensou: "Se eu as trancar, as sementes irão morrer. Meu pai pode argumentar que nos deu sementes vivas, que poderiam crescer, e que agora estavam mortas e não poderiam mais gerar flores." Então foi ao mercado, vendeu as sementes e guardou o dinheiro. Pensou: "Quando meu pai retornar, irei ao mercado, comprarei novas sementes e darei a ele sementes melhores que as primeiras."

O terceiro, contudo, encontrou a melhor solução. Voltou ao jardim e espalhou as sementes em vários lugares.

Três anos depois, quando o pai retornou, o primeiro filho abriu o cofre. As sementes estavam mortas, apodrecidas. O pai lhe perguntou: "O que é isso? Foram estas as sementes que lhe dei? Elas podiam florescer e liberar doces aromas, mas suas sementes estão fedendo. Estas não são as minhas sementes."

Foi procurar o segundo filho. Ele correu até o mercado, comprou sementes, voltou para a casa e disse: "Aqui estão as sementes." O pai lhe respondeu: "Você se saiu melhor do que o primeiro, mas não foi tão bem quanto eu teria desejado."

Então foi procurar o terceiro. Tinha grande esperança, mas também medo: "O que ele terá feito?" E o terceiro filho levou-o ao jardim, onde havia milhares de plantas florescendo, flores em toda parte. E o filho disse: "Estas são as sementes que você me deu. Em breve irei colher as sementes e as darei de volta a você."

O pai disse então: "Você é o meu herdeiro. É assim que se deve proceder com sementes."

50

COMPAIXÃO

As pessoas vêm até mim e perguntam: "O que é certo e o que é errado?" Eu digo: "Percepção é certo e não-percepção é errado." Não rotulo as ações como certas ou erradas. Não digo que a violência é errada. Algumas vezes a violência pode ser certa. Não digo que o amor é certo. Algumas vezes o amor pode ser errado. O amor pode ser dirigido à pessoa errada, pode ter motivos errados. Uma pessoa diz que ama sua nação. Isso é errado, pois o nacionalismo é uma praga. Outra pessoa diz que ama sua religião. Essa pessoa pode matar, assassinar, queimar os templos de outras pessoas. O amor nem sempre está certo, e a raiva nem sempre está errada.

Então o que é certo e o que é errado? Para mim, a percepção é o certo. Se você estiver com raiva, mas em total percepção, até a raiva estará certa. E se você estiver amando sem percepção, mesmo o amor estará errado. Então deixe a qualidade da percepção estar presente em todos os seus atos, em cada pensamento, em cada sonho que você tem. Deixe que a qualidade da percepção penetre em seu ser cada vez mais. Banhe-se na qualidade da percepção. Então qualquer coisa que você fizer será uma virtude. Então qualquer coisa que você fizer será uma bênção para você e para o mundo em que vive.

JESUS E OS MERCADORES

Deixe-me lembrá-lo de uma situação que ocorreu durante a vida de Jesus. Ele pegou um chicote e entrou no grande templo de Jerusalém. Um chicote nas mãos de Jesus? Era isso que Buda queria dizer quando falou: "Uma mão sem feridas pode segurar veneno." Sim, Jesus pode usar um chicote, não há problema nisso, pois o chicote não tomará conta dele. Ele permanece alerta, tamanha é sua consciência.

O grande templo de Jerusalém havia se tornado um abrigo de ladrões. Havia mercadores dentro do templo e eles estavam explorando todo o país. Jesus entrou sozinho no templo e revirou as bancas de mercadorias, jogou todas as mercadorias no chão e criou uma tamanha balbúrdia que os mercadores saíram do templo. Eles eram muitos e Jesus estava sozinho, mas ele estava tão cheio de fúria, tão irritado!

Isto se tornou um problema para os cristãos: como explicar seus atos? Porque todo o esforço dos cristãos tem sido para provar que Jesus é como uma pomba, um símbolo de paz. Como ele poderia usar um chicote? Como poderia estar tão furioso, tão enraivecido, a ponto de revirar as bancas dos mercadores e expulsá-los do templo? E deveria estar possesso, do contrário teria sido dominado, pois estava sozinho.

Sua energia deve ter sido tempestuosa, os outros não podiam enfrentá-lo. Os sacerdotes e os mercadores fugiram gritando, dizendo que aquele homem estava louco.

Os cristãos evitam esta história. Mas não há por que evitá-la se você compreender isso: Jesus é completamente inocente! Ele não é a raiva, ele é a compaixão. Ele não é violência ou destruição, ele é amor. O chicote em suas mãos é o chicote nas mãos do amor, da compaixão.

Um homem que possui percepção age a partir de sua percepção, e por isso não há arrependimento: sua ação é plena. E uma das belezas de uma ação plena é que ela não cria um carma, não cria nada. Na verdade, não deixa nenhuma marca em você. É como escrever na água: antes mesmo que você tenha terminado... já se foi. Não é nem como escrever na areia, pois essa escrita pode permanecer por algumas horas, se o vento não soprar – é escrever na água.

Se você puder estar completamente alerta, então não haverá problemas. Você pode segurar veneno: então o veneno irá funcionar como um remédio. Nas mãos de um sábio, o veneno se torna remédio. Nas mãos de um tolo, mesmo remédio, mesmo um néctar irá se tornar veneno. Se você agir partindo da inocência – não do conhecimento, mas da inocência de uma criança –, então jamais poderá gerar qualquer mal, porque não deixará marcas. Você permanecerá livre para agir. Você viverá plenamente e nenhuma ação pesará sobre você.

51

ABANDONANDO O PASSADO

Reúna coragem, pois a jornada já começou. Mesmo se você voltar, não irá encontrar a mesma praia outra vez. Mesmo se você voltar, os velhos brinquedos não o ajudarão em nada, você já não tem o que fazer com eles, pois saberá que são brinquedos. Agora aquilo que é real deve ser encontrado, deve ser pesquisado. E não está muito longe: está dentro de você.

"DEIXE QUE OS MORTOS ENTERREM OS MORTOS"

Um homem que vive de acordo com o passado certamente irá encontrar tédio, falta de sentido e uma espécie de angústia: "O que eu estou fazendo aqui? Por que continuo a viver? O que há no amanhã? Outra repetição do dia de hoje? E tudo que houve hoje foi uma repetição de ontem." Então qual é o sentido? Por que ficar se arrastando do berço até a sepultura, cumprindo a mesma rotina?

Isso pode ser bom para búfalos ou asnos, porque eles não têm uma memória do passado, não têm qualquer idéia sobre o futuro. Eles não ficam entediados, porque é necessária uma certa consciência para que haja tédio. Essa consciência percebe que você já fez isso antes, que está fazendo de novo e que o fará mais uma vez amanhã, porque você não sai do passado, não deixa que ele morra, você o mantém vivo. Esse é o dilema que todos encontram na vida e a única solução é deixar o passado morrer.

Há uma linda história na vida de Jesus. Ele chegou a um lago, cedo pela manhã, antes que o sol nascesse. Um pescador ia jogar sua rede no lago, quando Jesus colocou sua mão no ombro do pescador e disse: "Durante quanto tempo você vai fazer essa mesma coisa, todos os dias – manhã, tarde e noite –, apenas pescar? Você acha que isso é tudo que há na vida?"

O pescador disse: "Nunca havia pensado sobre isso, mas, como você fez a pergunta, entendo o que você diz, deve haver algo mais na vida."

Jesus então disse: "Se você vier comigo, lhe ensinarei como pescar homens, em vez de pescar peixes." O homem olhou nos olhos de Jesus. Havia tanta profundidade, tanta sinceridade, tanto amor que não era possível duvidar daquele homem, havia um silêncio tão grande a seu redor que não era possível dizer não para ele. O pescador atirou sua rede na água e seguiu Jesus.

Quando eles estavam prestes a deixar a cidade, um homem veio correndo e disse ao pescador: "Seu pai, que estava doente há dias, morreu. Volte para casa!"

O pescador perguntou a Jesus: "Dê-me apenas três dias, para que eu possa cumprir os últimos rituais que um filho deve desempenhar quando seu pai morre."

Jesus respondeu ao pescador – e essa é a frase da qual gostaria que vocês se lembrassem: "Deixe que os mortos enterrem os mortos, você vem comigo."

O que ele quis dizer? "Toda a cidade está cheia de pessoas mortas. Elas irão lidar com o corpo de seu pai. Você não é necessário, você vem comigo."

A cada momento algo está morrendo. Não seja um colecionador de antiguidades: deixe para trás aquilo que está morto. Continue com sua vida, com sua plenitude e intensidade, e nunca irá se defrontar com nenhum dilema, nenhum problema.

52

ARREPENDIMENTO

Se você fez algo de errado, vá falar com a pessoa a quem você ofendeu. Seja humilde, peça seu perdão. Apenas essa pessoa poderá lhe perdoar, ninguém mais. E lembre-se de que esse é o significado da palavra "pecado": esquecimento. A partir de agora, não se esqueça mais, não volte a cometer o mesmo erro, pois do contrário seu pedido de desculpas perde seu sentido.

A partir de agora seja cuidadoso, esteja alerta, seja consciente. Lembre-se de não repetir os mesmos erros: você deve decidir isso dentro de você e então estará de fato arrependido.

O arrependimento pode se tornar um fenômeno muito, muito profundo se você compreender a responsabilidade. Neste caso, mesmo uma pequena coisa, se ela se tornar um arrependimento – não apenas verbal, não apenas na superfície –, se ela entrar fundo em suas raízes, se você se arrepender a partir dessas raízes. Se todo o seu ser se agitar e tremer e gritar, e saírem lágrimas, não apenas de seus olhos, mas de cada célula de seu corpo, então o arrependimento pode se tornar uma transfiguração.

QUANDO SHIBLI JOGOU A ROSA

A primeira vez que Shibli se tornou conhecido foi quando Mansur al-Hillaj estava sendo assassinado. Muitas pessoas já foram assassinadas no passado por outras pessoas que se diziam religiosas – Jesus foi assassinado –, mas nunca houve um assassinato como o que ocorreu com al-Hillaj. Primeiro cortaram suas pernas – ele ainda estava vivo –, depois suas mãos. Então sua língua foi cortada e seus olhos arrancados – e ele continuava vivo. Foi cortado em pedaços. E qual foi o crime que Mansur cometeu? Ele havia dito: "*An'al Hak.*" Significa "eu sou a Verdade, eu sou Deus". Todos os *seers* do Upanishad declaram isso, "*Alam Brahmasmi*" – eu sou Brahma, o Ser Supremo". Mas os maometanos não podiam tolerar isso.

Mansur é um dos grandes sufis. Quando começaram a cortar suas mãos, ele olhou para o céu, rezou para Deus e disse: "Você não pode me enganar! Posso vê-lo presente em cada uma dessas pessoas aqui. Você está tentando me enganar? Veio como o assassino, como o inimigo? Não importa, eu lhe digo, qualquer que seja a forma em que você venha, eu o reconheço – porque o reconheci dentro de mim mesmo. Agora já não é possível me enganar."

Shibli era um companheiro, um amigo de al-Hillaj. As pessoas estavam jogando pedras e lama em sinal de despeito, mas Shibli permanecia ali. Mansur ria e sorria. Subitamente ele começou a chorar, porque Shibli havia jogado uma rosa para ele. Alguém perguntou: "Qual o seu problema? Quando jogam pedras, ri – você ficou maluco? E Shibli lhe atirou apenas uma rosa, por que você está chorando?"

Mansur disse: "As pessoas que estão jogando pedras não sabem o que fazem, mas Shibli sabe. Para ele será difícil obter o perdão de Deus. Os outros serão perdoados porque estão agindo em total ignorância, não podem agir de outra forma. Em sua cegueira, isso é tudo que podem fazer. Mas Shibli é um homem que sabe. É por isso que estou chorando por ele. É o único homem aqui que está cometendo um pecado."

E o que Mansur falou mudou a vida de Shibli completamente. Ele jogou fora o Alcorão, as escrituras, e disse: "Eles nem mesmo puderam me fazer entender isso: todo conhecimento é inútil.

Agora irei procurar o conhecimento adequado." E mais tarde, quando lhe perguntaram por que havia atirado a flor, Shibli respondeu: "Tive medo da multidão. Se não jogasse nada, poderiam pensar que eu pertencia ao grupo de Mansur. Poderiam se tornar violentos também em relação a mim. Joguei a flor, era apenas uma solução intermediária. Mansur estava certo, ele chorou por meu medo, minha covardia. Chorou porque eu compactuei com a multidão."

Mas Shibli entendeu, e o choro de Mansur tornou-se uma transformação.

53

BRINCADEIRAS

Sua mente brinca infinitamente – tudo é como um sonho em um quarto vazio. Ao meditar, você deve olhar para a mente e vê-la fazendo suas travessuras, como uma criança brincando e saltitando pelo puro excesso de energia. É só isso: pensamentos pulando, saltitando, brincando, apenas um jogo, você não deve levar isso a sério. Mesmo se houver algum pensamento ruim, não se sinta culpado. Ou, se houver um grande pensamento, um pensamento muito bom – se você desejar servir à humanidade e transformar todo o mundo, trazer o Paraíso à Terra –, não deixe que seu ego fique tomado por ele, não pense que você se tornou grandioso. É apenas sua mente brincando. Algumas vezes ela desce, outras ela sobe, nada mais que energia em excesso tomando muitas formas e faces.

O DESAFIO DE KRISHNA A ARJUNA

A dimensão da brincadeira deve ser estendida a toda sua vida. Seja o que for que esteja fazendo, esteja presente nesta atividade tão completamente que seu objetivo se torne irrelevante. O objetivo será atingido, tem que ser, mas não deve estar presente em sua mente. Você está brincando, está se divertindo.

É isso que Krishna quis dizer – durante o Mahabharata, a grande guerra cujas crônicas estão no *Gita* – quando ele disse a seu discípulo Arjuna que deixasse o futuro nas mãos do Divino: "O resultado de sua atividade está nas mãos do Divino, você simplesmente faz." Este "simplesmente fazer" se torna uma brincadeira. Foi isso que Arjuna teve dificuldade em compreender, quando ele diz que, se é apenas uma brincadeira, então por que matar, por que lutar? Mas toda a vida de Krishna é apenas uma brincadeira, você não encontrará outro homem que tenha sido tão pouco sério. Toda sua vida é uma brincadeira, um jogo, uma peça. Ele está aproveitando tudo mas não leva nada a sério. Ele está aproveitando tudo intensamente mas não está preocupado com o resultado. O que irá acontecer é irrelevante.

É difícil para Arjuna entender Krishna porque Arjuna é uma pessoa calculista, que pensa em termos do resultado final. No início do *Gita*, ele diz: "Tudo isso me parece absurdo. Em ambos os lados meus amigos e parentes estão prontos para lutar. Não importa quem vença, será uma perda porque minha família, meus parentes, meus amigos terão sido destruídos. Mesmo que eu vença, de nada valerá, pois para quem irei mostrar minha vitória? As vitórias têm sentido porque os amigos e parentes poderão desfrutá-las. Mas, se não houver ninguém, será uma vitória sobre corpos mortos. Quem irá apreciá-la? Quem irá dizer 'Arjuna, seus feitos foram grandiosos'? Então não importa se eu vencer ou for derrotado, me parece absurdo. Não há sentido nisso." Ele deseja renunciar. Ele é absolutamente sério, e qualquer um que seja calculista será tão sério quanto ele.

O que ocorre no *Gita* é algo singular. A guerra é a mais séria das coisas. Não se pode brincar a respeito dela, porque há vidas em jogo, milhões de vidas em jogo, e não há como brincar com isso. Ainda assim, Krishna insiste que é preciso ser brincalhão. Não pense sobre o que irá acontecer no final, apenas esteja aqui e agora. Seja apenas um guerreiro, brincando. Não se preocupe com o resultado porque ele está nas mãos do Divino. E não se trata nem mesmo de questionar se o resultado está nas mãos do Divino ou não – a questão é que não deve estar em suas mãos, o peso não deve recair sobre você. Se você carregar esse peso, então não poderá viver em meditação.

54

FOCO

A mente é tão astuta que ela pode ocultar-se sob as vestes de seu próprio oposto. A indulgência pode se tornar ascetismo, o materialismo pode se tornar espiritualista e algo desse mundo pode se tornar algo do outro mundo. Mas a mente é a mente – quer você seja a favor do mundo ou contra o mundo você permanece enjaulado na mente. A favor ou contra, ambos são parte da mente.

Quando a mente desaparece, ela desaparece em uma percepção sem escolhas. Quando você pára de escolher, quando você não é nem a favor nem contra, isso é parar no meio. Uma escolha leva à esquerda, um extremo. A outra leva à direita, que é o outro extremo. Se você não escolher, ficará exatamente no meio. Isso é relaxamento, isso é descanso. Você não faz mais escolhas, não tem obsessões, e nesse estado de consciência, sem escolhas nem obsessões, surge uma inteligência que estava adormecida no mais profundo de seu ser. Você se torna uma luz em si mesmo.

SARAHA E A ARQUEIRA

Saraha, o fundador do Tantra, era filho de um brâmane muito culto, que pertencia à corte do rei Mahapala. O rei estava disposto a dar em casamento sua própria filha para Saraha, mas ele desejava renunciar a tudo, pois queria tornar-se um *sannyasin*. O rei tentou persuadi-lo – Saraha era um jovem tão belo e inteligente. Mas ele foi persistente e tiveram que lhe conceder a permissão, então Saraha tornou-se discípulo de Sri Kirti.

A primeira coisa que Sri Kirti lhe disse foi: "Esqueça todos os seus Vedas e tudo que você aprendeu, todas essas coisas sem sentido." Era muito difícil, mas ele estava pronto a apostar tudo. Os anos se passaram e, aos poucos, ele apagou tudo aquilo que sabia. Tornou-se um grande meditador.

Um dia, enquanto Saraha meditava, subitamente teve uma visão: havia uma mulher no mercado que iria se tornar sua verdadeira mestre. Ele foi até o mercado. Viu a mulher, uma jovem, muito vivaz, radiante e cheia de vida, cortando a haste de uma flecha, sem olhar para a esquerda nem para a direita, completamente concentrada em fazer a flecha. Ele imediatamente sentiu algo extraordinário na presença dessa moça, algo que ele nunca antes havia encontrado. Algo tão fresco e algo que vinha da própria fonte. Quando a flecha ficou pronta, a mulher fechou um dos olhos, mantendo o outro aberto, e ficou na postura do arqueiro, mirando um alvo invisível.

E algo ocorreu, algo como uma comunhão. Saraha nunca havia sentido algo assim antes. Naquele momento, o significado espiritual do que ela estava fazendo tornou-se claro para ele. Não olhava nem para a esquerda, nem para a direita, olhava apenas para o centro.

Pela primeira vez ele entendeu o que Buda quer dizer com estar no meio: evitar o eixo. Você pode mover-se da esquerda para a direita, da direita para a esquerda, mas será como um pêndulo em movimento. Estar no meio significa que o pêndulo permanece ali, nem para a esquerda, nem para a direita. Então o relógio pára, o mundo pára. Não há mais tempo... então há o estado do não-tempo.

Ele ouviu Sri Kirti falar sobre isso tantas vezes, havia lido a respeito, havia ponderado, contemplado o assunto. Havia até mesmo discutido com outros a respeito, dizendo que estar no meio era a coisa certa. Pela primeira vez ele viu isso em ação: a mulher não estava olhando para a direita nem para a esquerda... apenas olhando para o meio, focada no meio.

O meio é o ponto a partir do qual a transcendência acontece. Pense sobre isso, contemple o assunto, veja isso em ação na vida.

55

SEXO

O sexo guarda consigo grandes segredos, e o primeiro segredo é – se você meditar verá isso – que a felicidade vem porque o sexo desaparece. E sempre que você estiver naquele momento de felicidade, o tempo também desaparece – se você meditar sobre isso – e a mente também desaparece. E essas são as qualidades da meditação.

Minha própria observação é que o primeiro lampejo da meditação no mundo deve ter vindo através do sexo, não há outra forma possível. A meditação deve ter entrado na vida através do sexo, porque este é o fenômeno mais meditativo. Se você o entender, se você for a fundo nele, se você não o usar apenas como uma droga. Então, lentamente, muito lentamente, à medida que a compreensão cresce, o anseio desaparece, e chega um dia de grande liberdade em que o sexo não é mais uma obsessão. Então você se torna silencioso, tranqüilo, absolutamente você mesmo. A necessidade do outro desapareceu. Ainda é possível fazer amor se quiser, mas não há mais necessidade. Então será uma espécie de troca.

O CÍRCULO DE *MAHAMUDRA*

Quando dois amantes estão em um profundo orgasmo sexual, fundem-se um no outro. Então a mulher não é mais a mulher, o homem não é mais o homem. Tornam-se algo similar ao círculo de ying/yang, alcançando um ao outro, encontrando-se dentro do outro, dissolvendo-se, esquecendo suas próprias identidades. É por isso que o amor é tão bonito. Esse estado de profunda penetração orgástica é chamado de *mudra*. E o estágio final do orgasmo com o todo é chamado de *Mahamudra*, o grande orgasmo.

O orgasmo é um estado no qual seu corpo não mais é sentido como matéria. Ele vibra como energia, eletricidade. Vibra tão profundamente, partindo de sua própria fundação, que você se esquece completamente que é algo material. Torna-se um fenômeno elétrico – e é um fenômeno elétrico. Agora os físicos dizem que não há matéria, que toda matéria é apenas aparência e, lá no fundo, o que existe é eletricidade, e não matéria. No orgasmo, você atinge essa camada mais profunda de seu corpo, na qual a matéria não mais existe, apenas ondas de energia, e você se torna uma forma de energia dançando, vibrando. Não haverá mais limites para você – pulsando, mas imaterial. E quem você ama também estará pulsando.

Aos poucos, se os parceiros se amam e se entregam um ao outro, eles se entregam a esse momento de pulsação, de vibração, de ser apenas energia, e não têm medo.

Porque é uma experiência similar à da morte, essa de perder os limites do corpo, quando o corpo se torna algo vaporoso, quando a substância do corpo se evapora e só resta energia, um ritmo muito sutil, mas você se percebe como se não fosse mais. Apenas dentro de um amor profundo alguém pode entrar nesse estado. O amor é como a morte: você morre em relação à sua imagem material, você morre em relação a se pensar como um corpo. Você morre como corpo e evolui como energia, energia vital.

E quando a mulher e o marido, ou os amantes, ou os parceiros, começarem a vibrar em um certo ritmo, seus corações e seus corpos se juntam em um mesmo ritmo, cria-se uma harmonia e há o orgasmo. Eles não são mais dois. Esse é o símbolo do ying e yang: o ying se movendo dentro do yang, o yang se movendo dentro do ying, o homem se movendo dentro da mulher, a mulher se movendo dentro do homem. Agora formam um círculo e vibram juntos, pulsam juntos. Seus corações não estão mais separados, seus batimentos não estão mais separados: tornaram-se uma melodia, uma harmonia. É a música mais fantástica possível. Todas as outras músicas soam pálidas em comparação.

Orgasmo é a vibração de dois unidos em um só. Quando a mesma coisa acontece, não com outra pessoa, mas com toda a existência, então é *Mahamudra*, então é o grande orgasmo.

56

DEVOÇÃO

A devoção é uma forma de unir-se e fundir-se com a existência. Não é uma peregrinação. Significa apenas perder todos os limites que separam você da existência. É uma relação amorosa.

O amor é a união com um indivíduo, uma intimidade profunda entre dois corações, tão profunda que os dois corações começam a dançar na mesma harmonia. Ainda que os corações sejam dois, há uma única harmonia, uma única música, uma única dança.

Assim como falamos do amor entre duas pessoas, falamos da devoção entre um indivíduo e toda a existência. Ele dança nas águas do oceano, ele dança nas árvores que dançam ao sol, ele dança com as estrelas. Seu coração responde à fragrância das flores, à canção dos pássaros, aos silêncios da noite.

A devoção é a morte da personalidade. Por sua própria vontade, você abandona aquilo que é mortal em você. Resta apenas o imortal, o eterno, aquilo que não morre jamais. E aquilo que não morre não pode ser separado da existência – que também não morre, está sempre indo, não conhece início nem fim. A devoção é a maior forma de amor.

A DANÇA DO TEMPLO DE MEERA

Jesus disse uma vez: "Deus é amor." Se isso houvesse sido escrito por uma mulher, ela teria dito: "O amor é Deus." Deus deve ser secundário, é uma hipótese mental. Mas o amor é uma realidade que pulsa em cada coração.

Ao longo da história, encontramos pessoas como Meera. Mas só mulheres extremamente corajosas seriam capazes de se libertar de um sistema social repressivo. Ela pôde fazer isso, pois era uma rainha, ainda que sua família tenha tentado matá-la porque ela dançava nas ruas. A família não podia tolerar isso. Sobretudo na Índia, as mulheres são muito oprimidas. E uma mulher tão bela quanto Meera, dançando nas ruas e cantando...

Havia um templo em Vrindavan, onde Krishna havia morado. Construíram um grande templo em sua memória e, nesse templo, não podiam entrar mulheres. Elas só podiam ficar do lado de fora, no máximo tocar as escadas do templo. Nunca haviam visto a estátua de Krishna que estava lá dentro, porque o sacerdote era muito inflexível. Quando Meera veio, o sacerdote ficou preocupado que ela entrasse no templo.

Dois homens, com espadas à mostra, foram colocados na frente do portão para impedir que Meera entrasse. Mas quando ela veio – e pessoas assim são raras, uma brisa tão perfumada, uma dança tão bela, uma canção que coloca em palavras aquilo que não pode ser dito pelas palavras – esses dois homens se esqueceram do que estavam fazendo ali e Meera entrou dançando no templo. Era a hora em que o sacerdote rezava para Krishna. Seu prato, cheio de flores, caiu no chão quando ele a viu.

Ele estava absolutamente irritado e disse a ela: "Você quebrou uma regra de centenas de anos."

Ela respondeu: "Que regra?"

O sacerdote disse: "Nenhuma mulher pode entrar aqui."

E vejam a resposta... Isso é coragem. Meera disse: "Então como você entrou aqui? A não ser por um único – aquele que é o supremo, o amado –, todos os outros são mulheres. Você acredita que há dois homens no mundo: você e o supremo? Não diga bobagens." Ela certamente tinha razão. Uma mulher de grande coração olha para a existência como um amado. E a existência o é.

57

INTELIGÊNCIA

Nascemos para atingirmos o êxtase, a felicidade suprema, é nosso direito de nascença. Mas as pessoas são tolas, nem mesmo exigem seus direitos de nascença. Ficam mais preocupadas com aquilo que os outros possuem e começam a correr atrás dessas coisas. Nunca olham para dentro, nunca procuram em suas próprias casas.

Uma pessoa inteligente irá começar sua busca a partir de seu ser interior. Este será o ponto de partida de sua exploração, porque, a menos que eu saiba o que está dentro de mim, como poderei sair procurando mundo afora? O mundo é tão vasto. E aqueles que olharam para dentro encontraram imediatamente aquilo que procuravam. Não é uma questão de progresso gradual, é um fenômeno súbito, uma iluminação repentina.

RABIA E A CHARADA DA AGULHA PERDIDA

Ouvi falar de uma grande mística sufi, chamada Rabia al-Adawia. Uma certa tarde as pessoas a encontraram sentada na estrada procurando algo. Era uma velha mulher, já não enxergava muito bem, era difícil para ela ver. Então os vizinhos vieram ajudá-la.

Eles perguntaram: "O que você está procurando?"

Rabia disse: "Essa pergunta é irrelevante, eu estou procurando. Se você puder me ajudar, ajude."

Eles riram e disseram: "Rabia, você ficou maluca? Você diz que nossa pergunta é irrelevante, mas, se não soubermos o que você está procurando, como poderemos ajudá-la?"

Rabia disse: "Está bem. Apenas para satisfazê-los, estou procurando minha agulha, perdi minha agulha."

Eles começaram a procurar com ela, mas logo se deram conta de que a estrada era muito grande e uma agulha era algo muito pequeno.

Então perguntaram a Rabia: "Você poderia nos dizer exatamente onde a perdeu? Do contrário será difícil, pois a estrada é grande e podemos ficar procurando eternamente. Onde você a perdeu?"

Rabia disse: "Vocês estão novamente fazendo uma pergunta irrelevante. O que isso tem a ver com minha busca?"

Eles pararam: "Você certamente ficou louca!"

Rabia disse: "Está bem. Apenas para satisfazê-los, perdi a agulha em minha casa."

Perguntaram: "Então por que você está procurando aqui?"

E dizem que Rabia respondeu: "Porque aqui há luz e lá dentro está escuro."

O sol estava se pondo e ainda havia claridade na estrada.

Esta parábola é muito significativa. Você já se perguntou o que está procurando? Já meditou profundamente sobre o que está procurando? Não. Mesmo que em alguns momentos vagos, momentos de sonho, você tenha alguma vaga noção daquilo que procura, essa noção nunca é precisa, nunca é exata. Você ainda não definiu o que procura. Se você tentar definir, quanto mais definida a procura ficar, mais você irá sentir que não há necessidade de buscar. A procura só pode continuar em um estado de semiconsciência, em um estado de sonho: quando as coisas não estão claras, você simplesmente continua procurando. Levado por algum ímpeto interno, há uma coisa que você sabe: precisa procurar. Esta é uma necessidade interna. Mas você não sabe o que está procurando.

E, a menos que saiba o que está procurando, como você pode

encontrá-lo? É algo vago – você pensa nisso em termos de dinheiro, de poder, de prestígio, de respeitabilidade. Mas quando você vê pessoas que são respeitáveis, que são poderosas, elas também estão procurando. Então você vê pessoas muito ricas, e também estão procurando. Até o fim de suas vidas, elas procuram. Então riqueza e poder não irão ajudar. A procura continua, não importa o que você tenha.

A procura deve ser por algo completamente diverso. Esses nomes, esses rótulos – dinheiro, poder, prestígio – servem apenas para satisfazer sua mente. Estão aí apenas para ajudá-lo a sentir que você está procurando algo. Esse "algo" continua muito indefinido, é uma sensação vaga.

A primeira coisa para aquele que verdadeiramente procura, para aquele que procura mas que já se tornou um pouco alerta, perceptivo, é definir a procura: formular um conceito claramente definido dela, do que é. Trazê-la para fora desse estado de uma consciência que dorme. Olhar para ela diretamente, encará-la. Imediatamente começará a ocorrer uma transformação. Se você começar a definir sua procura, você começará a perder interesse na procura. Quanto mais definida ela se tornar, menos estará presente. Uma vez que se saiba claramente o que é, subitamente ela irá desaparecer. Ela existe apenas quando você não está atento.

Deixe-me repetir: a procura existe somente quando você está semi-adormecido. A procura existe apenas quando não está atento, perceptivo. Essa não-atenção cria a procura.

Sim, Rabia estava certa. Dentro não há luz. E como não há luz e nenhuma consciência dentro, é claro que você continua a procurar do lado de fora, porque é onde parece ser mais claro.

Nossos sentidos são todos voltados para fora. Os olhos se abrem para fora, as mãos se movem, se espalham para fora, as pernas se movem rumo ao exterior, os ouvidos percebem os barulhos e ruídos externos. Tudo que está disponível para você se abre para o exterior, todos os cinco sentidos se movem para fora. Você começa a procurar lá onde consegue ver, sentir, tocar – a luz dos sentidos existe do lado de fora. E aquele que procura está dentro.

Essa dicotomia precisa ser entendida. Aquele que procura está dentro, mas, porque a luz está do lado de fora, o que procura começa a se mover de forma ambiciosa, tentando encontrar algo externo que o preencha.

Isso nunca irá acontecer. Nunca aconteceu. Não pode acontecer dentro da natureza das coisas porque, a menos que você esteja procurando aquele que procura, sua busca não terá sentido. A menos que você passe a saber quem você é, tudo que você busca é fútil, porque você não conhece aquele que procura. Sem conhecê-lo, como você poderá se mover na dimensão certa, na direção certa? É impossível. As primeiras coisas devem ser pensadas em primeiro lugar.

Se toda a procura houver parado e você subitamente perceber que agora só há uma coisa a saber – "Quem é este que procura em mim? O que é esta energia que deseja procurar? Quem sou eu?" – então haverá uma transformação. Todos os valores mudam subitamente. Você começa a se mover para dentro.

Então Rabia não está mais sentada na estrada procurando uma agulha que está perdida em algum lugar na escuridão interna da alma de cada um. Uma vez que você tenha começado a se mover para dentro... No princípio é muito escuro – Rabia tem razão. É muito, muito escuro porque, durante muitas vidas seguidas, você nunca esteve dentro, seus olhos sempre focalizaram o mundo externo.

Você já percebeu isso? Algumas vezes, quando você vem de uma estrada onde o sol está forte e a luz é intensa e entra em uma casa, parece que está tudo muito escuro, porque os olhos haviam se acostumado à luz externa. Quando há muita luz, as pupilas dos olhos se reduzem. Na escuridão, os olhos têm que relaxar.

Mas, se você se sentar durante algum tempo, aos poucos a escuridão desaparece. Há mais luz, seus olhos estão se adaptando.

Durante muitas vidas você esteve do lado de fora, no sol quente, no mundo, então, quando se volta para o interior, você se esqueceu completamente de como reajustar seus olhos. A meditação nada mais é que um reajuste de sua visão, de seus olhos. E se você continuar olhando para dentro – isso leva tempo –, gradualmente, lentamente, irá sentir uma linda luz dentro. Mas não é uma luz agressiva, não é como o sol, lembra mais a lua. Não ofusca, não cega, é muito tranqüila. Não é quente, é muito compassiva, é calmante, é um bálsamo.

Aos poucos, quando tiver se adaptado à luz interior, verá que você é a própria fonte. Aquele que procura é aquilo que é procurado. Então verá que o tesouro está dentro de você e que o problema era que você estava procurando por ele do lado de fora. Estava procurando em algum lugar fora e, no entanto, ele sempre esteve dentro de você. Você estava procurando em uma direção errada, é só isso.

58

O FAZER

Acontece todos os dias: você poderia ter feito alguma coisa, mas não fez e está usando a desculpa de que, se Deus quisesse que algo fosse feito, Ele o faria de qualquer forma. Ou então você faz algo e espera pelo resultado, fica esperando, mas o resultado nunca chega. Então você fica zangado, como se tivesse sido trapaceado, como se Deus o houvesse traído, como se Ele estivesse contra você, sendo parcial, preconceituoso, injusto. E então surge uma grande reclamação em sua mente. Nessa hora, falta confiança.

Uma pessoa religiosa é alguém que fará o que for humanamente possível, mas não criará nenhuma tensão por causa disso. Por que somos muito, muito pequenos, átomos ínfimos neste universo, as coisas são muito complicadas. Nada depende apenas da minha ação: há milhares de energias se entrecruzando. A soma dessas energias irá determinar o resultado. Como eu poderia determinar o resultado? Mas, se eu não fizer nada, pode ser que as coisas nunca mais sejam as mesmas.

Tenho que agir, mas, ao mesmo tempo, tenho que aprender a não ter expectativas. Então o fazer torna-se uma espécie de oração, sem nenhum desejo de que tenha determinado resultado. Então não há frustração. A confiança irá ajudá-lo a permanecer livre de frustrações, e "amarrar seu camelo" irá ajudá-lo a manter-se vivo, intensamente vivo.

CONFIE EM ALÁ, MAS AMARRE SEU CAMELO PRIMEIRO

Esse ditado sufi deseja criar o terceiro tipo de homem, o verdadeiro homem: aquele que sabe como fazer e como não fazer; que pode ser um fazedor quando necessário, pode dizer "Sim!", e que pode ser passivo quando necessário e dizer "Não". Aquele que está absolutamente acordado durante o dia e absolutamente adormecido durante a noite. Aquele que sabe como inspirar e como expirar. Aquele que conhece o equilíbrio da vida.

"Confie em Alá, mas amarre seu camelo primeiro." Este ditado vem de uma breve história.

Um mestre estava viajando com um de seus discípulos. O discípulo estava encarregado de cuidar do camelo. À noite chegaram, cansados, a um abrigo de caravanas, um caravançará. Era tarefa do discípulo amarrar o camelo, mas ele não o fez, deixou o camelo do lado de fora. Em vez disso, ele simplesmente rezou. Disse a Deus: "Cuide do camelo", e foi dormir.

Pela manhã o camelo havia partido. Tinha sido roubado ou simplesmente seguiu o caminho. O mestre perguntou: "O que houve com o camelo? Onde está o camelo?"

E o discípulo respondeu: "Eu não sei. Vá perguntar a Deus, pois eu havia dito a Alá que tomasse conta do camelo, eu estava muito cansado, então não sei. E também não sou responsável, porque eu havia dito a Ele, e de forma muito clara! Não havia como não compreender. Na verdade eu não disse isso apenas uma vez, mas sim três. E você nos ensinou a confiar em Alá, então eu confiei. Por isso não me lance esse olhar de raiva."

O mestre disse: "Confie em Alá mas amarre seu camelo primeiro, porque Alá não tem outras mãos a não ser as suas."

Se Ele quiser amarrar o camelo, Ele terá que usar as mãos de alguém. Ele não tem outras. E é o seu camelo! A melhor maneira, e também a mais fácil, é usar suas mãos. Confie em Alá – não confie apenas nas suas mãos, pois do contrário você ficará tenso. Amarre o camelo e então confie em Alá. Você perguntará: "Então por que confiar em Alá enquanto estou amarrando o camelo?" Porque mesmo um camelo amarrado pode ser roubado. Faça o que puder fazer, mas isso não garante o resultado, não há garantias. Então faça o que puder e aceite aquilo que acontecer. Esse é o sentido de amarrar o camelo: faça o que for possível fazer, não fuja de suas responsabilidades e, se nada acontecer ou se algo der errado, confie em Alá. Então Ele terá razão. Então talvez seja correto que continuemos a viagem sem o camelo.

É muito fácil confiar em Alá e ser preguiçoso. É muito fácil não confiar em Alá e ser um fazedor. O terceiro tipo de homem é o mais difícil: aquele que confia em Alá e ainda assim permanece um fazedor. Mas nesse momento você é apenas um instrumento: Deus é aquele que verdadeiramente faz, você é um instrumento em Suas mãos.

59

A JORNADA

Tristeza, sofrimento e miséria – tudo tem que ser tomado de forma não-séria, porque, quanto mais você os levar a sério, mais difícil será livrar-se deles. Quanto menos sério você for, mais fácil ficará passar através do sofrimento, através dos períodos de escuridão, cantando uma canção. E, se uma pessoa é capaz de passar por esses períodos cantarolando e dançando, então por que se torturar sem necessidade?

Torne essa jornada apenas um belo assunto para risadas.

"MESMO QUE VOCÊ TENHA QUEBRADO SEUS VOTOS MIL VEZES..."

Há uma bela frase de Mevlana Jalaluddin Rumi, um dos maiores mestres sufis de todos os tempos. Ele disse:

Venha, quem quer que seja;
Errante, religioso, amante do conhecimento...
Não importa.
Não é de desespero, nossa caravana.
Venha, mesmo que por mil vezes
tenhas quebrado seu voto.
Venha, venha, e mais uma vez, venha.

Lembre-se desta bela frase: "Não é de desespero nossa caravana." Também posso dizer isto. Não é de desespero nossa caravana, é a celebração da vida. As pessoas se tornam religiosas para fugir à infelicidade, e aquele que se torna religioso por conta da miséria está se tornando religioso pelas razões erradas. E, se algo já começa errado, o fim não poderá dar certo.

Torne-se religioso por causa da alegria, por causa da experiência de beleza que está ao seu redor, por causa do enorme presente que Deus lhe deu: a vida. Torne-se religioso por gratidão. Seus templos, suas igrejas, suas mesquitas e *gurudwaras* estão cheios de pessoas miseráveis. Elas transformaram também os seus templos em infernos. Estão lá porque estão em agonia. Elas não conhecem Deus, não têm interesse em Deus. Não estão preocupadas com a verdade, não há questionamento. Estão lá apenas para serem consoladas, confortadas. Então procuram qualquer um que possa dar a elas crenças fáceis com as quais possam remendar suas vidas, esconder suas feridas, cobrir sua infelicidade. Estão lá à procura de uma falsa satisfação.

A nossa caravana não é de desespero. É um templo de alegria, de canções, de música, de criatividade, de amor e vida.

Não importa. Você pode ter quebrado todas as regras de conduta ou de moralidade. Na verdade, qualquer um que tenha alguma coragem irá quebrar essas regras.

Concordo com Jalaluddin Rumi, quando ele diz:

Venha, mesmo que por mil vezes
tenha quebrado seu voto.

As pessoas inteligentes irão quebrar todos os seus votos muitas vezes, porque a vida está sempre mudando, as situações mudam. E um voto é feito sob pressão – talvez o medo do Inferno, a ganância pelo Paraíso, respeitabilidade na sociedade... Não está vindo do núcleo mais profundo de seu ser. Quando algo vem de seu próprio ser interno, nunca se quebrará. Mas então não será um voto, será um fenômeno simples, como respirar.

Venha, venha e mais uma vez venha.

Todos são bem-vindos, sem qualquer condição. Você não precisa preencher nenhum pré-requisito.

Chegou a hora em que é necessária uma grande rebelião contra todas as religiões estabelecidas. A religiosidade é necessária no mundo, mas não precisamos de novas religiões – basta de hindus, cristãos, muçulmanos –, apenas de pessoas puramente religiosas, pessoas que tenham grande respeito por si mesmas.

60

O RISO

O riso é eterno, a vida é eterna, a celebração continua. Os atores mudam, mas a peça continua. As ondas se sucedem, mas o oceano continua. Você ri, você muda – e alguém mais ri –, mas o riso continua. Você celebra, alguém mais celebra, mas a celebração continua. A existência é contínua, é um continuum. Não há um único momento de quebra nela. Nenhuma morte é a morte, porque cada morte abre uma nova porta, então é um começo. Não há fim para a vida, há sempre um novo começo, uma ressurreição.

Se você trocar sua tristeza por celebração, então também será capaz de trocar a morte por ressurreição. Aprenda essa arte enquanto há tempo.

A ÚLTIMA SURPRESA DO MÍSTICO CHINÊS

Ouvi falar em três místicos chineses. Ninguém sabe seus nomes hoje, e ninguém nunca soube quais eram seus nomes. Eram conhecidos apenas como “os Três Santos Risonhos”, porque nunca faziam nada além disso: eles riam.

Essas três pessoas eram realmente belas, rindo com suas barrigas balançando. Era contagioso, porque os outros também começavam a rir. Todos na praça do mercado começavam a rir. Poucos momentos atrás era um lugar feio, onde as pessoas só pensavam em dinheiro, mas subitamente esses três loucos chegavam e mudavam a qualidade de todo o mercado. Agora todos haviam esquecido que tinham ido comprar e vender.

Ninguém estava cheio de ganância. Durante alguns segundos, um novo mundo se abriu.

Viajavam por toda a China, indo de cidade em cidade, apenas para fazer as pessoas rirem. Pessoas tristes, pessoas irritadas, pessoas gananciosas, pessoas invejosas, todas começavam a rir com eles. E muitos encontravam a chave: você pode se transformar.

Contudo, quando estavam em um vilarejo, um dos três morreu. As pessoas do vilarejo se reuniram e disseram: "Agora haverá problemas. Agora vamos ver como eles fazem para continuar rindo. O amigo deles morreu, eles têm que chorar."

Mas, quando chegaram, os dois estavam dançando, rindo e celebrando a morte. As pessoas disseram: "Isso é demais. Quando um homem morre, é profano rir e dançar." Eles responderam: "Durante toda a vida rimos com ele. Como podemos lhe dar o último adeus com qualquer outra coisa? Temos que rir, temos que nos divertir, temos que celebrar. Esse é o único adeus possível para um homem que riu durante toda a sua vida. Não podemos pensar nele como um morto. Como o riso pode morrer, como a vida pode morrer?"

Então o corpo devia ser cremado e as pessoas do vilarejo disseram: "Vamos lhe dar um banho, como prescreve o ritual." Mas os dois amigos disseram: "Não, nosso amigo disse: 'Não executem nenhum ritual, não troquem minhas roupas e não me dêem um banho. Apenas me coloquem como estou na pira funerária.' Então temos que seguir suas instruções."

Então, subitamente, houve um grande acontecimento. Quando o corpo foi colocado sobre o fogo, aquele velho homem havia pregado a última peça. Havia escondido muitos fogos sob suas roupas, e houve um festival de fogos! Então todo o vilarejo começou a rir. Os dois amigos loucos estavam dançando, e logo todos estavam dançando também. Não era a morte, era uma nova vida.

CONHEÇA OUTROS TÍTULOS DA EDITORA SEXTANTE

De Osho

APRENDENDO A SILENCIAR A MENTE

Meditação é sentar-se sem fazer nada – não usar seu corpo nem sua mente. É parar de pensar e deixar que a mente, sempre tagarela, silencie por conta própria. Sem esforço, de forma relaxada, fácil, como se fosse um jogo. Você vai se encantar com o jeito leve e irreverente como Osho traduz conceitos espirituais e com sua capacidade de contar histórias. E descobrirá que, ao trocar as palavras pelo silêncio, você verá a vida com maior clareza e criatividade e tornará seu dia-a-dia mais intenso e cheio de alegria.

Acompanha CD para ajudar na prática da meditação.

De Eckhart Tolle

O PODER DO AGORA

Nós passamos a maior parte de nossas vidas pensando no passado e fazendo planos para o futuro. Ignoramos ou negamos o presente e adiamos nossas conquistas para algum dia distante, quando conseguiremos tudo o que desejamos e seremos, finalmente, felizes.

Essa é a mensagem simples, mas transformadora de Tolle: viver no Agora é o melhor caminho para a felicidade e a iluminação. Este livro é um manual que nos ensina a tomar consciência dos pensamentos e emoções que nos impedem de vivenciar plenamente a alegria e a paz que estão dentro de nós.

De Pema Chödrön

OS LUGARES QUE NOS ASSUSTAM

Podemos permitir que as circunstâncias da vida nos endureçam, deixando-nos cada vez mais cheios de medos e ressentimentos, ou podemos nos tornar mais abertos em relação ao que nos assusta. Tentamos nos proteger através da raiva, do ciúmes, da inveja, mas não conseguimos vencer a incerteza e o medo com essas barreiras.

Neste livro, a monja budista Pema Chödrön nos ensina a confrontar nossos medos e dificuldades através de práticas poderosas que vão nos apoiar e inspirar nos bons e maus momentos, e despertar uma coragem e sabedoria que nem sabíamos que tínhamos.

Informações sobre os próximos lançamentos

Para receber informações sobre os próximos lançamentos da Editora Sextante, queira entrar em contato com nossa Central de Atendimento, dando seu nome, endereço e telefone para:

Editora Sextante
Rua Voluntários da Pátria, 45 – Gr. 1.404 – Botafogo
22270-000 – Rio de Janeiro – RJ
Tel.: (21) 2286-9944 – Fax: (21) 2286-9244
DDG: 0800-22-6306 (ligação gratuita)
E-mail: atendimento@esextante.com.br

Para saber mais sobre nossos títulos e autores, e enviar seus comentários sobre este livro, visite o nosso site:

www.esextante.com.br

Esse livro foi impresso em papel Chamois Bulk Alta Performance Dunas 90g/m² da Ripasa S/A Celulose e Papel produzido a partir de floresta plantada de eucalipto.